四川政协文史

“人文巴蜀·大美天府”文旅丛书

川酒卷

政协四川省委员会　编

本书入选四川省2024—2025年度重点出版规划项目

天地出版社 | TIANDI PRESS

图书在版编目（CIP）数据

"人文巴蜀·大美天府"文旅丛书. 川酒卷 / 政协四川省委员会编. -- 成都 : 天地出版社, 2024. 12.
ISBN 978-7-5455-8479-0

Ⅰ. G127.71；F592.771；TS971.22

中国国家版本馆CIP数据核字第2024ZS6052号

RENWEN BASHU DAMEI TIANFU WENLÜ CONGSHU CHUANJIU JUAN

"人文巴蜀·大美天府"文旅丛书——川酒卷

政协四川省委员会 编

出 品 人 杨 政
责任编辑 林楚悠然
责任校对 卢 霞
封面设计 阿 林 等
电脑制作 跨 克
责任印制 白 雪

出版发行 天地出版社
（成都市锦江区三色路238号 邮政编码：610023）
（北京市方庄芳群园3区3号 邮政编码：100078）
网 址 http://www.tiandiph.com
电子邮箱 tianditg@163.com

印 刷 成都市锦慧彩印有限公司
版 次 2024年12月第1版
印 次 2024年12月第1次印刷
开 本 787mm × 1092mm 1/16
印 张 20
字 数 200千字
定 价 98.00元
书 号 ISBN 978-7-5455-8479-0

咨询电话：（028）86361282（总编室）
购书热线：（010）67693207（营销中心）

如有印装错误，请与本社联系调换

“人文巴蜀·大美天府”文旅丛书
编纂委员会

编委会办公室

《“人文巴蜀·大美天府”文旅丛书——川酒卷》编辑部

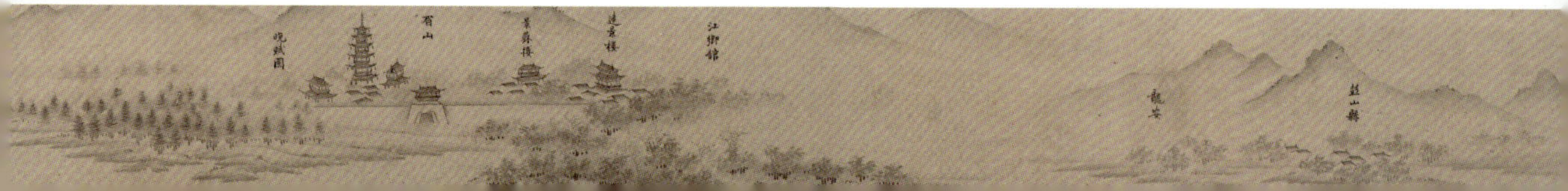

述往事而思来者　承文脉以谱华章

中华民族具有百万年的人类史、一万年的文化史、五千多年的文明史。在群星丽天的中华文明天空中，巴蜀文明无疑是其中一颗璀璨明珠。作为中华民族多元一体的重要组成，巴蜀自然地理立体缤纷，经济地理特征鲜明，人文地理厚重浓郁，与中华文化同宗同源，既完美呈现了中华文明的突出特性，又涵养塑造了独树一帜的地域文化，是谱写中华民族现代文明巴蜀新篇章的智慧宝库。

习近平总书记对巴蜀大地一往情深，多次来川调研视察并作出重要指示，对四川绽放独特的自然生态之美、多彩人文之韵殷殷嘱托，对古蜀文明与中原文明相互影响作出重要论断，对四川从全国大局把握战略地位和战略使命寄予厚望，对新时代治蜀兴川作出精准擘画、科学指引。十三届四川省政协深入学习贯彻习近平文化思想和习近平总书记对四川工作系列重要指示精神，认真落实中共四川省委关于文化强省建设的重要部署，聚焦文旅融合、文明发现、文史资政，努力把握巴蜀历史纵深和文明传承演进，辩证取舍其中具有现实意义、彰显人文精神、服务时代需要的典型元素，组织编写“人文巴蜀 · 大美天府”“四川考古实录”和“国家战略腹地与四川”三套系列文史丛书，旨在充分发挥政协文史工作“存史、资政、团结、育人”的重要作用，助力中华优秀传统文化创造性转化、创新性发展，更好担负起新时代新的文化使命。

—— 一盆巴山蜀水，万卷天府之国。“蜀山”雄险奇秀，孕育了丰富多彩的民俗传统；“蜀水”川流不息，浸润出和谐自然的生活智慧；“蜀道”开山劈石，展现了开拓交流的热情和勇气。在这片钟灵毓秀、物阜民丰的土地上，巴蜀先人采蒙顶嘉木制成清香“川茶”，取江河清流酿造醇厚“川酒”，融各地曲艺之长浇灌出“川剧”梨园奇葩，兼庙堂江湖之味调和成“川菜”麻辣鲜香。人们劳作、娱乐、交往、生活，时推代移、积淀升华，聚落村庄蜕变成“名城名镇”，文化传承成就了“名人名家”，多元精神诉求具化为“名寺名观”，共同编织成“人文巴蜀 · 大美天府”系列中的山河锦绣、人文风流。

——三星伴月出，长江文明源。早在旧石器时代，远古人类就在四川留下活动足迹，古老的族群繁衍生息、迁徙交融，在巴蜀大地留下众多令人叹为观止的遗址遗迹。物换星移、沧海桑田，皮洛石斧斩断“莫维斯线”，宝墩城墙堆筑文明雏形，太阳神鸟放飞惊天想象，江口沉银浮出历史真实。特别是一醒惊天下的三星堆遗址，以高超的青铜铸造技术展现古蜀先民的精神世界，再现了长江上游古代文明发展的高峰。“四川考古实录”系列以考古发掘亲历者口述史、国际国内知名学者访谈录等形式，记录上述重大考古发掘发现过程，透过历史长河中的雪泥鸿爪，聆听远古历史的回响，追溯古蜀文明的源流，展现先人非凡的创造。

——益州险塞，沃野千里。蜀地深居西南内陆，其地四塞、山川重阻，土沃民殷、货贝充溢，自司马错伐蜀定乱后逐步成为战略要地。两千多年来，巴蜀一直是统一天下的支撑腹地、经略西南的战略中枢、救亡图存的关键承载，在不同历史阶段都成为国家的坚强后盾。近代以来，更有保路风潮掀辛亥狂飙，川军血战存家国根脉，三线建设巩固战略后方，成渝“双圈”再担时代使命。在世界百年未有之大变局加速演进、中华民族伟大复兴正处于关键时刻的背景下，“国家战略腹地与四川”系列力求通古今之变、集众人之智，厘清历史发展脉络，探究历史经验利弊，史论结合、条分缕析，系统回答四川多重优势奠定战略腹地位势，在不同历史阶段、重要历史关头一次次担当起国之腹地的历史重任，深刻阐释四川在国家战略全局中推进经济社会高质量发展、统筹发展和安全的重要地位与使命担当。

三套丛书在四川省政协文史资料和书籍编纂出版工作领导小组的统揽下，邀请具有深厚理论功底、开阔宏观视野和丰富实践经验的历届省政协委员和高校、科研院所相关专家学者共同组成编纂委员会及各卷编辑部，承担编纂组织协调和编写编辑重任。丛书各卷力求以符合现代阅读习惯和审美情趣的表达方式，图文并茂地再现锦绣辉煌的巴蜀画卷，鲜活生动地勾勒巴蜀文明从历史深处走来的基本脉络，深入浅出地回答中华文明多元一体格局中巴蜀的重要地位。我们希望呈现的，是能与读者一起神游山川胜景、感悟巴蜀历史、接力时代使命，成为思接千载、视通万里的精神载体，用四川元素映照中国气派的思维平台，更好理解“何以四川”“何以中国”“何以文明”的巴蜀卷帙。

习近平总书记指出，对历史最好的继承就是创造新的历史，对人类文明最大的礼敬就是创造人类文明新形态。三套丛书的编纂出发于赓续历史文脉，落脚在谱写当代华章。让我们在记取历史、传承文化中牵引未来，更加坚定文化自信，共同推动中华优秀传统文化创造性转化、创新性发展，努力创造属于我们这个伟大时代的新文化，为以中国式现代化全面推进强国建设、民族复兴伟业注入强大精神力量！

政协四川省委员会

2024年12月

“人文巴蜀·大美天府”文旅丛书　序

温故知新　共赴未来

阿　来

千百万年，沧海桑田的地质运动，造就风貌多样、格调高举的四川山河。

山是骨架和屏障。

西面雄峙横断山系：岷山、邛崃山、大雪山。北是秦岭，古道蜿蜒。东北方，米仓山和大巴山。南方，磅礴苍茫乌蒙山。

这些山，森林苍莽，草甸深远，雪峰峭拔，迎季风，集雨凝雪，汇聚众水，成湖，成江，成河。

江河是血脉。

嘉陵江、涪江、沱江、岷江、青衣江、大渡河、金沙江，仿佛都听从号令，一律向东向南，流经被地理学家称为红层盆地的四川腹地。

苏洵诗说：“蜀山上摩天，蜀水下如线。”这些如线水流，在奔流中壮大，开如扇屏，造就沃土深厚的四川盆地。水多，漫漶潴积，肥沃的土地就难于耕作。所以，四川才出了中国人中首个治水成功的大禹。最早的汉文史籍就记载他“岷山导江，东别为沱”，可见四川开发水利之早。大禹治水的成功，恐怕也是对当时人民治水经验的归纳与总结。

到秦朝，李冰治水，筑都江堰，将岷江分流，引水到新筑的成都城。扬雄《蜀都赋》中的“两江珥其市，九桥带其流”，全然就是一个前所未有的人工河网系统。

更重要的是，四川虽然山环水绕，地理上呈封闭态势，却一直有大量移民迁入，造成久远的开放气质。秦惠文王平定巴蜀，之后就有上万户移民接踵而至。以后，秦相继又将各国贵族迁入四川。据《史记·货殖列传》记载，临邛，即今邛崃，有三个移民家族因当地铁矿而致富，分别是来自鲁国的程氏与郑氏以及更有名的来自赵国的卓氏。他们带来北方的冶铁技术，利用当地的铁矿资源，到汉代已经富甲一方，有“僮千人”。与蜀中第一个文豪司马相如上演了动人爱情戏剧的卓文君，便出身于卓家。

四川人始终感念不忘两位蜀郡守。

秦蜀郡守李冰治水，筑堰开渠。汉蜀郡守文翁办学，以文化人。自古至今，四川繁荣发展所仰赖的物质与文化，以此为基础，以此为发端。

四川，有贤明竭力引导，有人民热情响应。世世代代，依山之利，得水之助，因势利导，顺应自然又改造自然。仰天造地设的自然地理条件，赖人民的聪慧勤劳，终造就人文巴蜀，大美天府。

至如今的四川，干部群众，凝心聚力，共图发展，经济文教齐头并进，其在中国版图中的重要性，不言而喻。

关注地方文史，辑录汇编文史资料，向来是各级政协的一项重要工作。也因此，十三届四川省政协，温故知新，继往开来，组织编写“人文巴蜀·大美天府”文旅丛书，各分卷的选题与编写，充分发挥了政协人才荟萃优势。这套书，关注本土风习与文化，以大文化观与大历史观作深广呈现，大处着眼，小处入手，内容涵盖四川锦绣河山、丰富物产和深广人文。材料翔实，言而有据，文笔优美流畅，对梳理和宣传四川多彩自然和丰富人文有莫大价值，“存史”的意义显而易见。

今天，文旅深度融合，历史遗存与传统产业，在新时代焕发生机。这套书所挖掘与梳理的对象，无论山水，无论产业，无论文化，对认识四川、宣传四川，其“资政”的作用也显而易见。

更进一步说，一国、一省，文化自信与文化自觉，首先要回答的问题就是“何以中国”“何以四川”，在提振人民精神、凝聚文化共识方面，其“团结”“育人”的作用同样显而易见。

我作为政协委员，承命为这套书写点感想，才疏学浅，又不敢推脱，唯有将到手的各卷书细细读来，真是得益良多。掩卷时，不由得思绪万千，想起清末民初，川剧成熟时期，四川文人赵熙编写川剧剧本的故事。想起《情探》中的唱词，也正是：“梨花落，杏花开，梦绕长安十二街。夜间和露立窗台，到晓来辗转书斋外。”

若有问，到书斋何事？就答说，要取了“人文巴蜀·大美天府”这套书来。

还想起李白诗：“却顾所来径，苍苍横翠微。”

那苍苍，是时代激情。那翠微，是千山万水的苍翠，是历史的细节，是富丽的文化。那却顾，是回眸一望，是温故。孔子曰：“温故而知新。”所以，回眸的目的，却是要展望未来。

在习近平新时代中国特色社会主义思想指导下，四川一省，上下一心，正在创造更辉煌的未来。

（作者为十四届全国政协委员、中国作家协会副主席、四川省作家协会主席）

2024年12月

CONTENTS

目 录

第一章 / 川酒 史脉悠长

第二章 / 川酒 水脉甘洌

第三章

川酒 山脉浑厚

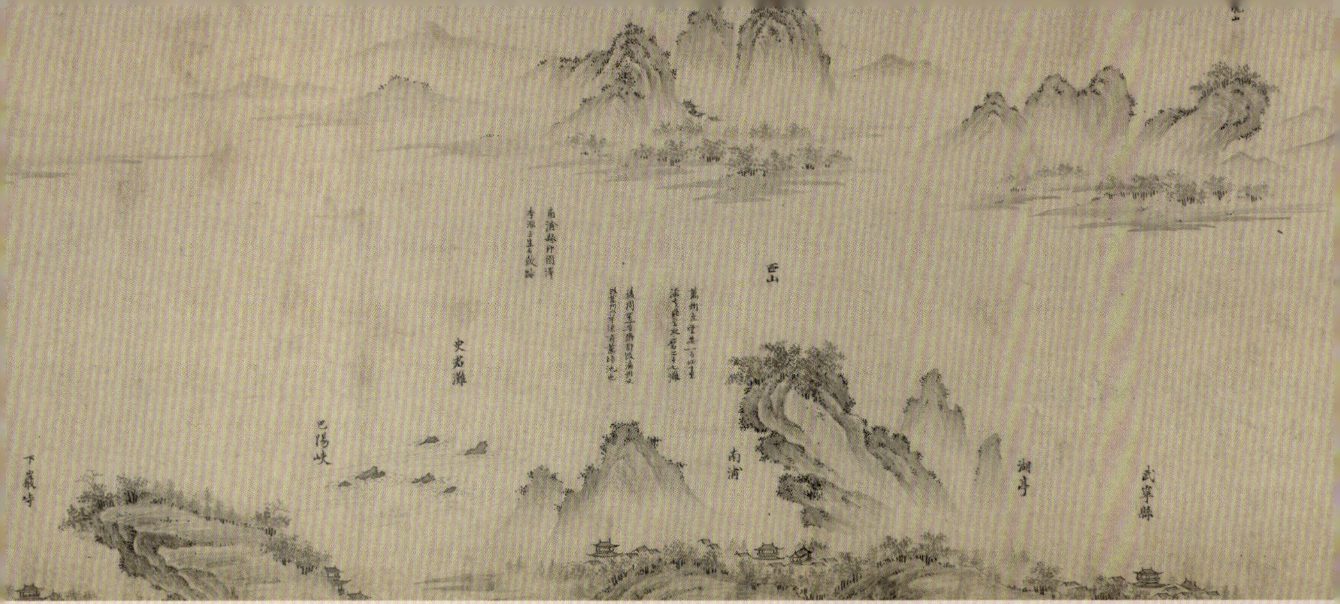

第四章

/

川酒 商脉通达

第五章

/

川酒
文脉绵延

码上看川酒

走进五粮液　走进泸州老窖　走进剑南春

走进郎酒　走进舍得　走进水井坊　走进川酒集团

导　语

承中华文明，传巴蜀臻味；酝大美川酒，甲天下浓香。

天府之国四川，是中华文明的发祥地之一，是世界酒文化的重要发源地之一。从深空往下望，四川仿佛是伟大祖国美丽面庞上的一枚嫣然可掬、妩媚动人的酒窝，又仿佛是一个天造地设、深不可测的酒甑。一条川，两条川，三条川，川流不息，蒸汽以为云霞，滤水而成琼浆；而那繁密的水脉，因势象形，自然形成一个“U”形的酒杯图案。四川得天独厚的自然条件，在世界范围内领先的酿酒文明，几千年来相对稳定的社会局面，造就了川酒这个肇始于远古、渐兴于秦汉、传扬于唐、风行于宋、成就于明清、集大成于当代的“灵性之物”。

千年酒脉绵延不绝，灿烂文化活水奔流。几千年历史文化的浸润滋养，使川酒以其独特的“五脉”文化闪耀在山河之巅，熔铸于中华酒文化史册。川酒史脉，源远流长；川酒之成，史为之证。川酒水脉，幽邃绵长；川酒之成，水为之源。川酒山脉，巍峨浑厚；川酒之成，山为之骨。川酒商脉，创新为本；川酒之成，商为之基。川酒文脉，创造之源；川酒之成，文为之魂。五脉川酒，独出其类。史脉之悠远，水脉之绵长，山脉之清奇，商脉之通达，文脉之深厚，脉脉相通，浑然一体，历经数千载而趋于臻美之境，共同构筑起川酒独一无二的文化底蕴、产业优势和品牌实力，镌刻着巴蜀文化的醇香符号，彰显着产业发展的蓬勃生机，书写着“世界白酒看中国，中国白酒看四川”的精彩华章。

今日川酒，已成为带动四川经济社会发展的重要支柱产业、民生产业和优势产业。近年来，川酒产量和营收均占全国半壁江山，川酒企业数量居全国第一，产销量实现了“控股”全国白酒产业的目标，四川已是名副其实的中国白酒第一产销大省。砥砺新征程，扬帆再出发。如今，四川省委、省政府高度重视川酒产业发展，强化顶层设计，把川酒作为具有核心竞争力的支柱产业加以培育，为川酒未来的发展指明了方向，川酒正走上一条不断创新、升级、竞合的高质量发展之路。

《饮中八仙图》（局部） 吴胜绘

第一章

川酒 史脉悠长

酒入青史，丹册流韵。《三国演义》开篇言：“一壶浊酒喜相逢。古今多少事，都付笑谈中。”酒是情感的媒介，是岁月的痕迹，是历史的回声。在历史长河中，酒业发展与时代变迁相伴相随，见证了朝代更替、英雄起落、文化兴衰。将士们举杯痛饮，壮志凌云；墨客们借酒抒怀，吟咏风月。酒与历史，共同走过了数千年时光，品味酒香，仿佛能够看到曾经的繁华。

酒，本身即是历史。中国是世界上最早酿酒的国家之一，在中国数千年的文明发展史中，酒与文明的发展基本上同步而行。川酒在中国白酒史上有着举足轻重的地位，汉朝的“国宴”用酒中就有绵竹酒、枸酱酒等地方名酒，代表了当时酿酒业的最高水平。同时，说川酒“承数千

《蜀川胜概图》（局部），现存最早的巴蜀舆地图，相传为北宋画家李公麟所作（现藏于美国华盛顿弗瑞尔美术馆）

年文明”，也是有据可查的：宝墩古城遗址、三星堆遗址、金沙遗址中出土了大量与酒相关的容器。川酒的起源和发展史，见诸《史记》《华阳国志》《唐国史补》《武林旧事》《成都通览》等史册和文献资料，成都、宜宾、泸州、古蔺、射洪、绵竹等地的历代方志中亦有专章记载。

蜀中自古粮食充盈，酒业发达，蜀人善酿，饮酒之风盛行。从汉朝走上“国宴”，到唐朝享誉全国，再到明清时期的全面繁荣，直至今日，四川白酒的产量、营收、品质、人才队伍建设均居行业前列。四川有着独特的自然环境和人文禀赋，勤劳而智慧的川人酿造了浓郁的川酒，世代相承，也推动着川酒不断奔涌向前。

一、历代川酒发展概况

（一）古蜀：粮食充盈　酒业发达

早在4000多年前，巴蜀地区就已经能够酿酒。1996年，轰动中外考古界的新津宝墩古城遗址出土了不少陶制酒器。据此推测，早在4500至4200年前，生活在这片土地上的古蜀先民就已掌握酿酒工艺。

新津宝墩古城遗址出土的陶壶
成都博物馆藏

“一醒惊天下”的三星堆遗址出土了大量的陶器和青铜酒器，其器形有杯、觚、壶等，其形体之大在史前文物中少见。2021年9月，四川公布了一批三星堆遗址的最新发掘成果，出土文物中有相当一部分陶器、青铜器属于酒器，比如盉、觚、瓮、罍、钵、尊、爵等。出土数量较多的陶盉，经专家考证，应属一种调酒器，兼可温酒，其侧面有把手，三个中空的袋状足与器身相通，既可增加容量，又利于加温。

成都金沙遗址出土的酒器 成都博物馆藏

成都金沙遗址出土的酒器种类繁多，包括折肩尊或罍、方尊、双耳罍、提梁卣等，这些酒器的年代跨越殷墟文化二期前后、商周之际前后、春秋时期等不同阶段。2001年，金沙遗址出土了成千上万件陶器碎片，通过拼接，发现主要有尖底盏、尖底杯、尖底罐、小平底罐、高领罐、圈足盆、圈足钵等。这些陶器中的一些小型陶器可能是金沙人的酒具。比如：尖底杯、高领罐适合海饮；尖底盏容量较小，可用来细酌。大量出土的酒器说明四川当时的农业生产已相当繁荣，且有大量的剩余粮食可用于酿酒，彰显出发达昌盛的川酒文化基础。

古蜀国酿酒业的昌盛，固然与水质、土质和气候有关，但最根本的原因是农业的发达。巴蜀地区农业发展很早，据《山海经·海内经》记载："西南黑水之间，有都广之野，后稷葬焉。爰有膏菽、膏稻、膏黍、膏稷，百谷自生，冬夏播琴。"《太平御览》引用了《世本》"仪狄始作酒醪，变五味。少康作秫酒"的说法。"醪"的本义是汁滓混合的酒，引申为浊酒，也就是糯米经过发酵而成的醪糟；"秫"是高粱的别称。这说明巴蜀农业在当时已十分先进，盛产优质粮食，这是蜀酒自古丰盛而质优的一个重要原因。古蜀人酿酒从来都是自成体系并富有建树的，他们对酿酒技术有着深刻的理解和创新，酿酒方法和工艺已自成一体，所酿之酒具有独特的风味。

（二）先秦：蜀人善酿　饮酒盛行

1976年2月，四川绵竹发现了战国中晚期的船棺随葬青铜酒器，有罍、壶、尊、豆、钫、勺等，其中既有盛酒器，又有饮酒器。大量酒器的出土，说明战国时期巴蜀酿酒业的发达和蜀人饮酒风气的盛行。公元前316年，秦惠文王派张仪、司马错、都尉墨等从石牛道伐蜀，同年攻占蜀国和巴国，相继设立蜀、巴二郡。秦并巴蜀后，在巴蜀地区推行了一系列的社会改革举措，使巴蜀地区逐渐由奴隶社会步入封建社会。新的生产关系的建立，推动了生产力的发展，从而给巴蜀经济带来了新的繁荣，酿酒业也在这一时期得到了蓬勃发展。

当时的巴蜀农村几乎家家户户都会制作的醪糟，在古代称"醴"，是一种米酒。《水经注》记载："江之左岸有巴乡村，村人善酿，故俗称'巴乡清'，郡出名酒。"《太平御览》引《郡国志》云："南乡峡，峡西八十里有巴乡村，善酿酒，故俗称‘巴乡酒’也。”这里的“巴乡清”和“巴乡酒”即一种米酒。巴乡村的位置，据《华阳国志》校注者刘琳考证：“即今（重庆）云阳县城东六十里的坝上。”板楯蛮的清酒也是秦时的“名酒”。板楯蛮即古代巴人的一支，主要分布在四川东部及重庆一带的广大地区。他们与蜀、楚、秦等国交往频繁，秦时因射虎有功，受到了特殊优待。据《后汉书·南蛮西南夷列传》载：“盟曰：‘秦犯夷，输黄龙一双；夷犯秦，输清酒一钟。’夷人安之。”这既是秦对少数民族实行安抚优待政策的体现，也反映出板楯蛮善于酿酒：交纳清酒一钟便可赎罪，从侧面体现了其所酿清酒受欢迎的程度。

广元昭化城关村出土的战国晚期至西汉时期的铜蒜头壶 成都博物馆藏

除了善酿，古蜀人还建立了一套较为完备的礼乐制度。《华阳国志·蜀志》载：“九世有开明帝，始立宗庙，以酒曰醴，乐曰荆。”这里的“醴”就是用于祭祀的酒。

（三）汉代：品类繁多　走上“国宴”

汉代四川经济文化高度发达，酿酒业进入高速发展期。四川发掘的汉墓中，不仅出土了大量的酒器，还出土了不少反映当时酿酒和饮酒场景的画像砖和画像石。比如，1972年在四川郫县（今成都市郫都区）出土的汉代石棺上刻有宴饮百戏图，展示了当时的宴饮场景，场景以画面右侧一建筑物为界，分出室内室外，该建筑物将一辆辎车和庖厨人员隔挡在室外，室内是宴饮百戏场面。1979年，成都市新都县（今新都区）新龙乡出土的东汉酿酒画像砖则展示了当时酿酒和销售的场景。画面右侧一人立于釜前，左手靠于釜边，右手在釜内操作；其右一女子似在

1979年，成都市新都县新龙乡出土的东汉酿酒画像砖（拓片）

指挥，屋外一人做观望状；画面左侧，一人正推着载有盛酒容器的独轮车，另一人则挑着酒瓮向外走去，不时回首。汉时宴饮和酒肆的热闹景象透过这些画像砖和画像石，穿越2000余年的时光，呈现在人们眼前。

汉代酒品类繁多，有以原料命名的，如稻酒、黍酒、秫酒、米酒、甘蔗酒等；有以配料命名的，如椒酒、柏酒、桂酒、兰英酒、菊酒等；有以酿造季节和色味命名的，如春醴、春酒、冬酿、秋酿，黄酒、白酒、金浆醪、甘酒、香酒等；还有以产地命名的，如宜城醪、苍梧清、中山冬酿、醽醁、白薄等。这些酒名不仅见于古籍记述，还见于出土的竹简和酒器上。在汉代，四川成都、江阳（今泸州）等地的酿酒作坊（又称“糟坊”），采用制曲发酵的方法，将黍煮酿成醴。据文献记载，到汉天汉三年（前98年），江阳酿酒的制曲技术已经从散曲发展到饼曲，泸酒生产也随之向前推进。据专家考证，从西汉到蜀汉时期，巴蜀地区生产的酒主要有以下三种。一是甘酒，即民间酿制的一种粮食酒，其酒“少曲多米，一宿而熟”。在成都凤凰山汉墓中，就曾出土刻有“甘酒”二字的陶罐。二是清醥酒，其发酵期长，冬酿夏熟，酒味醇厚，据说有“一醉累月”的效力。左思《蜀都赋》载：“觞以清醥，鲜以紫鳞。”三是酴醾酒，是一种用酴醾花酿制的酒，扬雄在《蜀都赋》中提及的“酴清”，即此酒。

整个西汉，饮酒之风十分盛行，正所谓“百礼之会，非酒不行”，随着社会物质财富的积聚，饮酒和用酒逐渐成为社交活动的重要组成部分，尚饮之风逐渐兴起，在皇室贵族和黎民百姓中都有所体现。在汉代的“国宴”上，川酒开始扮演重要角色，绵竹酒便是其一。相关史料对当时的宴饮场面有生动的描写，左思在《蜀都赋》中描述成都豪富们的生活时这样写道："若其旧俗，终冬始春。吉日良辰，置酒高堂，以御嘉宾。金罍中坐，肴槅四陈。觞以清醥，鲜以紫鳞。羽爵执竞，丝竹乃发。"据《三国志·蜀书》记载，建安十六年（211年），刘备应益州（治所在今成都）牧刘璋之请由荆州入益至涪（今四川绵阳），刘璋从成都赶来亲迎，"欢饮百余日"，这在当时当属大型宴饮场面。

（四）唐代：名酒诞生　享誉全国

唐代是我国历史上经济社会发展繁荣的时期，也是川酒进一步走向民间的加速期。这一时期，四川诞生了剑南烧春、戎州（今宜宾）重碧酒、射洪春酒、汉州（今广元）鹅黄酒等各具特色的好酒。

唐代诗人杜甫送别友人时，与挚友席地而坐，把酒道别。离别在即，杜甫开口吟道："双峰寂寂对春台，万竹青青照客杯。"据考证，当时他喝的就是绵竹酒。百余年后，李肇《唐国史补》记载了"荥阳之土窟春""富平之石冻春""剑南之烧春"等酒。春，是酒的称谓之一。剑南烧春，意味着这是一种产于剑南道（今四川一带）的酒。作为《唐国史补》中记载的唯一传承至今的美酒，剑南烧春当下更为人熟知的名字是"剑南春"。而杜甫与友人依依惜别的地方，如今是川酒五大产区之一的德阳产区。历史与现在，在一句诗中、一本书里，勾调出淡淡酒香，绵延千年。

在相当长的一段时间里，唐朝廷对酒业发展没有严格限制，酿酒业得以恣意发展。得益于农业兴旺、连年丰收，当时的酿酒原料丰富多样，从黍米、粟米、稻米，到糯米、黄米、玉米，均可以拿来酿酒。米酒、红酒、屠苏酒、桂花酒……各类名酒层出不穷，从饮酒衍生出的众多娱乐活动风靡一时。与此同时，唐代的酿酒工艺也取得了突飞猛进的发展，中国酒成为东方名酒的典型代表。

统治者和文人士大夫阶层对酒的大力推广，迅速形成了唐人好酒的盛况，酒肆酒坊成为繁荣富庶的大唐盛世一道亮丽的风景线。四川的酒肆数量在唐代呈现高速增长趋势。“锦江近西烟水绿，新雨山头荔枝熟。万里桥边多酒家，游人爱向谁家宿。”这是张籍在《成都曲》一诗中对当时酒肆的描述。《岁华纪丽谱》引《旧记》记载，唐明皇曾至成都，“市酒于富春坊”。“味浓”已成为唐时川酒的重要标志，杜甫在《戏题寄上汉中王三首・其二》诗中提到的“蜀酒浓无敌，江鱼美可求”和牛峤《女冠子・其二》中的“锦江烟水，卓女烧春浓美”都表现出川酒浓烈的一面，而浓香这一川酒最具代表性的香型或许就由此奠基。“浓”也是酒精经过提纯，酒精含量得以大大提高的证据。

唐代，戎州和僰道县（治所在今宜宾）较长时间设治三江口僰道城。唐德宗贞元中（794年前后），原来的土城得以修缮和扩建，僰道城呈“临江枕山”之势。城内设有“行”和“肆”：所谓“行”，指的是同类商品都集中在某个街区内进行交易；而设在行内的固定店铺则叫作“肆”。商贸发展促进了酒的生产，酒成了大宗交易商品。

据记载，以剑南烧春为代表的川酒不仅满足了当地人的需求，还作为重要的贸易商品，通过水路和陆路等交通渠道运往全国各地进行售卖。商贾们与各地的酒商建立起了广泛的联系，形成了较为完善的售卖渠道。这不仅促进了川酒的流通和售卖，也带动了四川地区经济的繁荣。他们还通过丝绸之路等贸易通道，将川酒传播至西域、中亚等地，与沿线国家进行酒类贸易和文化交流。

绵竹剑南老街

（五）宋代：酒税激增　全国居首

宋代是我国酒政史上的重要发展时期。宋朝在分别与辽、金对抗的过程中面临庞大的费用开支，朝廷财政支出浩繁，急需用酒的专卖收入、酒税等来弥补和支撑。因此朝廷对酒的生产和消费采取鼓励政策，这大大促进了酒业的发展，川酒在两宋时期迎来了发展的高峰。

如今四川白酒的主产地——宜宾、泸州，在宋代酿酒业就已十分发达。据宋代《熙宁酒课》推述，宜宾的酿酒业已达到相当规模，北宋时戎州的酒课是5000贯，年产量达到了52.25万斗（一斗约10升）。农业的丰收满足了戎州酿酒业对粮食的需求。特别是在农业和以酿酒为主的手工业发展的基础上，戎州商贸空前繁荣，市场需求更刺激了美酒的生产和酿酒业的不断发展。到宋代，叙州（北宋时期，戎州更名为“叙州”）酒业官酿、民酿并举，叙州酒与茶、盐同为宋朝税收和安抚周边民族的倚重之物，酒成为“茶马互市”的重要商品。黄庭坚在《山谷全书》里描绘了宋代泸州酒业的兴盛：“州境之内，作坊林立。官府士人，乃至村户百姓，都自备糟床，家家酿酒。”大量的史书和诗词歌赋，记载了四川当时影响很大的名酒。在宋代张能臣《酒名记》中记载的“锦江春”“忠臣堂”“玉髓”“浣花堂”是成都四大名酒，还有梓州（今绵阳三台）的竹叶清，剑州（今广元剑阁）的东溪酒，汉州的帘泉酒，合州（今重庆合川）的金波酒，渠州（今达州渠县）的葡萄酒，果州（今南充）的香桂酒，以及阆州（今阆中）的仙醇酒……蜀中名酒可谓数不胜数。

到了南宋，四川的经济地位进一步提高，酒业尤其兴盛，酒店、酒家数不胜数。《酒名记》中提到，四川出名酒共九州一府，涉及地域之广、品牌之多，居全国之冠。

（六）元代：技术革新开创新局

现在的学术界普遍认为，元代是蒸馏酒在中国获得空前发展的时代。有研究认为，蒸馏酒技术是从当时欧洲和中亚引进的一种酿酒技术，“炼酒取露气烈而清”的蒸馏酒技术与中国传统的酿制工艺相结合，生产出了具有中国特色的高度谷物蒸馏酒。该项技术的引入为中国酿酒业带来了划时代的突破，中国白酒的产品形态实现了从发酵酒到蒸馏酒的转变。传统酿酒单一发酵模式的改变不仅大大增强了酿酒

泸州老窖酒曲

能力，还大大提高了白酒的度数（度数在20度到40度之间），推动了酿酒工艺的进步。这种谷物蒸馏酒成为高度蒸馏白酒的源头。

蒸馏酒技术同样在四川得到蓬勃发展。在如今四川的宜宾、泸州等著名白酒产区，人们从考古和文献中，陆续发现了当时蒸馏酒技术与传统的川酒酿造技艺相融合的痕迹。

1324年，泸州老窖酒酿制技艺第一代传承人郭怀玉首创“甘醇曲”，并在此基础上对酿酒原料、制酒工艺、操作程序、蒸馏方法等进行综合性的改造，实现了中国白酒从小曲、散曲到大曲的革命性突破，酿造出第一代“泸州大曲酒”，甘醇曲也因此被称为“天下第一曲”。后世，由甘醇曲逐步演变出今日的浓香、清香、酱香型大曲酒。如今，泸州老窖酒酿制技艺不断代传承至今已有24代，并在2006年入选首批国家级非物质文化遗产名录。2024年是泸州老窖酒酿制技艺不断代传承的第700年。

值得一提的是，1998年，生产全兴大曲的全兴集团在改造厂房时，发现地下埋藏有古代酿酒的遗迹，后挖掘出不同时代的酒窖、晾堂、灶坑、蒸馏器基座、灰坑等遗迹，即为水井街酒坊遗址。此发现被考古界、史学界、白酒界专家认定为“中国最古老的酒坊”。水井坊呈“前店后坊”布局，上起元末明初，历经明清，下至当今，延续600余年从未间断生产，是我国现今发现的古代酿酒作坊和酒肆的唯一实例，有力地佐证了李时珍在《本草纲目》中提出的“烧酒非古法也，自元时始创其法”的观点。

元时，饮酒风气盛行，上至朝廷贵族、文人士大夫，下到平民百

成都水井街酒坊遗址

姓、贩夫走卒都喜饮酒，酒税成为重要的税收来源之一，主要包括酿酒税、销售税以及附加税，收入亦是相当可观，这极大地推动了川酒的商业化发展。

（七）明代：产量猛增　全面繁荣

明代酿酒业获得长足发展，酒的品种和产量都大大超过前代。京都省城，酒楼酒肆林立；乡镇村落，酿酒作坊和烧锅遍布。明沈德符撰写的《万历野获编·补遗卷三·畿辅》中的“建酒楼”一条记载：“洪武二十七年，上以海内太平，思与民偕乐，命工部建十酒楼于江东门外……既而又增作五楼，至是皆成……最为清朝佳事。”当时，四川名酒也进入了重要的发展时期，成都的锦江春等知名酒品备受推崇，成为文人雅士聚会时不可或缺的佳酿。

除成都外，宜宾和泸州两大白酒基地开始出现，使川酒的生产能力得到了显著提升。各大酿酒作坊兴起，品质优良的川酒层出不穷。宜宾当时较有名的糟坊是位于宜宾城北门顺河街的“温德丰”。该糟房生产的杂粮酒，是仿宋代名酒荔枝绿的酿制方法，以高粱、糯米、大米、小麦和玉米五种粮食为原料混合酿制而成，为酒中佳品。据考证，明代宜宾酿出的杂粮酒，即今日五粮液的前身，其老窖池已有700多年历史。赤水河畔的川南古镇古蔺县二郎镇，在明代出现了酿酒的“回沙工艺”，其特点是通过多次蒸煮和发酵，使得高粱中的支链淀粉得以充分释放，从而酿造出口感醇厚的白酒。

明洪熙元年（1425年），酿酒大师施敬章研制出“窖藏酿制”法，推动大曲酒的酿制进入向“泥窖生香”转化的“第二代”。明万历元年（1573年），国窖始祖舒承宗在泸州城南营沟头建造窖池，采用“泥窖生香、续糟配料”的独门工艺酿造大曲酒，并将其酿酒作坊取名为“舒聚源”。明天启年间，舒承宗又探索总结出从窖藏储酒到“配糟入窖、固态发酵、酯化老熟、泥窖生香”的一整套大曲酒酿造工艺技术，使浓香型大曲酒的酿造进入“大成”阶段。明嘉靖二十年（1541年）后，射洪人谢东山任山东巡抚时，一度深入当地产酒区，考察酿酒技艺，学得“易酒法”。谢东山归乡后亲身实验，用蒸馏法酿出酒液，形成独特的酿造工艺。该酒酒味香美，远近驰名，蜀人称为“谢酒”。相传，酿

泸州老窖博物馆内的舒承宗像

造谢酒，是以纯种无杂质的高粱、糯米、小麦为原料，中伏时混合于恒温室内踩曲，存放半年，选优投产；酿用工具、盛酒陶器俱加热烫洗灭菌；蒸米火候适度，熟而不烟，红棕发亮。成酒封缸储藏，经年后饮用甚美。时人赞曰：“射洪春酿今仍在，一语当年重品题。向使少陵知此味，也应随酒入新诗。”

（八）清代：规模宏大　筑牢根基

清初社会政治逐步趋于稳定，经济呈现出繁荣发展的势头，酒传统酿造技术进一步发展，蒸馏白酒品种更加丰富，各种名酒层出不穷，且品质优良。

四川酿酒业在当时已具备宏大规模，是当地十分重要的产业。据周询《蜀海丛谈》记载："川省田膏土沃，民物殷富，出酒素多，糟房到处皆是，私家烤酒者尤众。……以泸州、什邡、绵竹等处产酒之区，收数为最旺。每年全省收银约在九十万两上下……彼时川省每年应出酒在二万万斤以上，漏税者尚不在内也。"从这个数据可以看出，在清末，川省（即四川）酒产量已经超过2亿斤，位居全国第一。另有史料记载，四川绵竹大曲，康熙年间有作坊4家，清末有作坊18家。清光绪五年（1879年），仅可考的泸州酒年产量就超过了10吨。至辛亥革命前夕，酒窖遍布泸州城乡，知名曲酒酿造作坊有"温永盛""天成生""协泰祥""春和荣"等10家，泸州年产曲酒240吨以上。据傅崇矩《成都通览》记载：宣统年间，成都城内出现了专营大曲酒的烧坊帮共有12家，普通糟房45家。其酒品有大曲酒、烧酒、香元酒等，品种繁多。这些烧坊帮、糟房所产白酒，加上城郊酿制的家酒、土酒，产量在200万斤左右。

剑南春在清代迎来了继唐、宋之后的又一次大发展。康熙初年，陕西人朱煜见绵竹水好，便移居至此开办酒坊，以当地"剑南烧春"酿造法为基础，使剑南春酒传统酿造技艺进一步提升。其后世子孙朱天益将酒坊更名为"天益老号"，并不断提高自身品质，为近代化经营打下坚实的基础。1985年6月，剑南春酒厂在对"天益老号"酿酒作坊进行维护施工时，发掘出的纪年砖上有"永明五年"四字铭文。经考古专家综合考察认为，"天益老号"酿酒作坊建造年代不晚于南齐永明五年

绵竹“天益老号”酒坊遗址

（487年）。历经约1500年的风风雨雨，“天益老号”仍保持完整，入选“2004年度中国十大考古新发现”，并被列入“全国重点文物保护单位”，2006年入选中国世界文化遗产预备名单，时至今日仍一直在为剑南春酿造着琼浆玉液。

舍得酒业，也是这一时期开启的。“泰安作坊”由清末酒商李明方从古酒坊易名而来，有“举酒恭祝国泰民安”之意。后来，李明方后人李吉安进行工艺改革，聘请成都酿酒名师郭炳林攻研曲酒生产并获成功，该酒有“入门便觉鼻生香，发幕先令指取尝”之芬芳美誉，

射洪泰安作坊遗址

一时名噪四川。清朝举人马天衢化用“沱泉酿美酒，牌名誉千秋”之诗意，将该酒命名为“沱牌曲酒”。

五粮液真正闻名于世同样是在清代。南溪县仙临乡（今宜宾南溪区仙临镇）人邓子均，自制杂粮酒并携此酒赴宴，该酒获得聚会之人一致好评，后更名为“五粮液”。民国年间，邓子均进一步改进了五粮液的配方和酿造工艺，使其口感更加丰富、绵柔。他的改进得到了广泛的认可和赞誉，也为五粮液成为顶级白酒品牌奠定了基础。

（九）民国：屡创新高　走向世界

20世纪初，随着生产力的进步和交通的进一步发展，川酒不仅走出四川，还走出国门，走向世界。在1915年的巴拿马太平洋万国博览会上，就有五粮液和泸州老窖的身影。据《四川省志·川酒志》记载，1913年，四川白酒业酿户已达22898户，比清宣统元年（1909年）增加5000多户。从业人员超14万人，仅次于棉织业和制糖业，在当时12种主要手工业中，酿酒户数位列第一。全省各地的白酒业在这一时期均有不同程度的发展。

新津县（今成都市新津区）城内外，有烤烧酒之家25户，每日出酒3000斤，除供应本地市场外，还销往简阳、乐山等地。崇庆县（今四川崇州）有烧房百户，酒灶百余，并开始精酿曲酒。1916年开办的兴顺长号酒厂，在崇庆县周边及成都青石桥设庄销售，在当时属于比较大的专业酒厂。即使是交通不便的偏远之地雷波县，在1914年，私营酒坊业也发展到44户，年产白酒50.75万斤。宜宾的“利川永”是民国时期规模较大的酿酒和酒类销售商家，所产曲酒远销省内外。泸州的“温永盛”“天成生”“协泰祥”等36家作坊，最高年产量达1800吨，居全国之首。自1913年绵竹“义全兴”大曲坊在成都开店销售绵竹大曲以来，至1949年，专门经营绵竹大曲的酒庄、酒行、酒店已达50余家，绵竹大曲被称为成都“酒坛一霸”，还销往重庆、武汉、南京、上海等地。

抗日战争期间，四川作为大后方，人口激增，使得四川的消费总额剧增，这其中也包括对白酒的消费，从而拉动了四川当地白酒产量的增长。相关统计表明，这个时期四川白酒的产量远远高于明清时期、民国前期。四川各税务所统计了1936年和1938年全省147个县的酒产量：1936年全省酒产量1亿斤，1938年增加到1.5亿斤。这一时期，四川白酒行业的发展不仅体现在产量上，还体现在品牌的建设和市场的拓展上，形成了四川白酒独特的文化和风格。

二、当代川酒的发展阶段和特点

1949年中华人民共和国成立以后，国家高度关注川酒发展。历届四川省委、省政府高度重视川酒发展，并在不同时期结合实际作出部署，出台有关法规、政策，支持川酒作为重点产业提质增效，加快转型发展。

（一）从作坊式向工厂化转变（1950—1978年）

为了尽快改变中华人民共和国成立初期贫穷落后的面貌，全国上下都力图在探索社会主义建设道路中打开一个崭新的局面。尽最大努力把建设搞得快一点，以争取更多的主动，是当时全党全国人民的迫切愿望。

1950—1957年间，各行业亟待发展。1953年新中国开始实施第一个五年计划，川酒也开始以恢复整顿企业、实施公私合营为主体，积极发展生产。白酒生产多用主粮，曾长期处于手工作坊式生产状况，酒坊式的苦苦支撑使得川酒保存了历史传承下来的根脉。1950年，四川省白酒总产量约5万吨，人均消费不足1公斤；产酒精3179吨，全部为动力酒精；其他酒类零星少量。无论是生产还是流通，或是销售，这些领域的数据都显示出当时川酒发展的掣肘。1951年，西南军政委员会财政部颁布了《西南区酒类专卖实施暂行办法》，实行“产销合一”的专卖体制，专卖机构统一管理白酒的生产、运输、销售、价格。私营白酒生产企业部分公私合营，部分由专卖局先后接收，组建了20多个地方国营酒厂。国家对酒类生产企业发放“生产许可证”，并控制原料，委托加工，由专卖公司统一收购；取缔私营酒类批发业务，由专卖公司统一批发。酒类产销全部纳入国家计划管理，按国家计划运行。1952年，四川省人民政府成立后，川酒主产区的政府接收部分私营优势酿酒作坊，重新组建为地方国营酒厂，并分级设立酒类专卖局、糖酒公司，同政府工业主管部门分别实施酒类生产、流通、销售和技术管理。

1957年，四川省白酒总产量达到14万吨，比1950年增长近2倍，人均消费量达到1.88公斤，增长近1倍，并调出省外1万余吨。1958年，为响应“鼓足干劲、力争上游、多快好省地建设社会主义”的号召，在强烈的“赶超”思想推动下，在“小、土、群、快”的大办工业潮中兴起大批小酒厂，国家工业管理部门也投资兴建了部分国营企业。在计划经济时期，国家的生产力短缺、物资匮乏，不管是老百姓的衣食住行，还是政府的公共物品，都靠国家统一分配。针对粮食紧缺、农村小酒厂盲目发展、私卖私酿严重、偷漏税普遍等情况，1963年，国务院下发《关

传统工艺酿造（图为郎酒生产车间） 童杨摄

于加强酒类专卖管理工作的通知》，对酒类产销进行整顿。全国均形成酒类由轻工业管理部门管生产、商业主管部门管流通的格局，唯独四川一直实行产销合一体制，白酒专业生产企业统一归口商业主管。在计划经济时期，白酒企业的生产、销售、科研、教育培训等，统一由企业主管部门计划管理。1967年，国家全面实施凭票定量供应，酒类生产、销售全部按照国家计划运行。

（二）从工厂化向产业化转变（1978—2000年）

党的十一届三中全会召开以后，四川在全国率先进行了以家庭联产承包责任制为主的农村经济体制改革，充分调动了农民的生产积极性。四川农业丰收，粮食开放，酿酒原料充足，白酒供应取消票证，敞开供应。

1979—1996年间，通过落实改革举措，计划经济体制向社会主义市场经济体制转轨的步伐加快，市场作用大大加强，全国呈现改革开放全面推进、经济建设迅猛发展的蓬勃景象。川酒步入辉煌时期，并逐步成为全省经济的重要支柱产业之一。实际上，早在党的十一届三中全会召开前，四川就已开始探索改革国营企业经营管理体制、增强企业活力的办法。20世纪80年代初期，全川各地掀起全民大办酒厂高潮，酒类专卖名存实亡，基本上形成“谁投资办厂、谁主管”的格局。

1982年，四川组建了四川省食品工业协会，轻工业、商业、农业、粮食、供销等经济主管部门乃至乡镇、个体户等纷纷筹资兴办酒厂；1983年，四川省政府重新组建的四川省酒类专卖事业管理局与四川省糖酒公司合署办公。1985年，四川省政府下发了《四川省加强酒类产销管理的若干规定》，次年又下发了《四川省人民政府关于加强我省酒类产销管理工作的补充规定》，实施"酒类产销许可证"制度，由商业管理部门统一核发许可证。1985年，全省白酒厂由1978年的200多家猛增至13502家，年产白酒达到101.8万吨，比1978年增长约4倍。同期，轻工业部在全国实施酒精企业生产许可证制度。1991年7月29日，经四川省第七届人民代表大会常务委员会批准，《四川省酒类管理条例》发布实施，规范了酒类的生产、运输、销售及国家名白酒、进口酒的系统管理。所有白酒生产企业由省专卖局核发许可证，白酒企业的行业管理进一步规范。直至2005年，全省白酒生产企事业单位仍归各自的主管部门管理，但都必须执行统一的行业管理规定和政策法规，以此促进行业的持续发展和健康竞争。

川酒长期依赖于传统工艺和传统管理，这使得川酒在质量控制上存在一定的局限性。传统工艺虽然保证了川酒的独特风味，但在现代化生产和管理方面存在不足，难以满足日益增长的市场需求和消费者对品质的更高要求。直到20世纪80年代，川酒企业才开始进入主观强化质量管理进程。1978年，四川省在全国率先进行国有企业改革试点，扩大企业自主权，增强企业活力。与此同时，四川省在工业系统普遍推行全面质量管理。重点企业首批进入省经委"全面质量管理培训班"，引入国际通行的全面质量管理理念及体系。通过多形式、多类型的培训、理念推

生态酿造

广、管理实施，以及全面质量管理达标、评比、评选“优秀QC（质量控制）小组”等活动促进川酒品质提升。通过强化质量管理，川酒企业能够更好地控制生产过程，确保产品的稳定性和一致性，从而提高市场竞争力。

20世纪80年代后期，川酒企业逐步向规模化、现代化、着力提升生产水平的方向发展，创造了川酒20世纪80年代后期到20世纪90年代的辉煌。1987年，全国酿酒工业增产节约工作会议确立了“四个转变”，即“高度酒向低度酒转变，蒸馏酒向酿造酒转变，粮食酒向果露酒转变，普通酒向优质酒转变”及“优质、低度、多品种、低消耗”的方针，并开始在全国推广。在此背景下，20世纪80年代末到90

年代后期，五粮液等国家名酒企业再度投资合计1亿多元改造扩建，大幅提升生产能力和水平。其他一些骨干企业也相继进行了不同程度的改造扩建。此外，宜宾红楼梦酒厂、成都二峨酒厂、邛崃临邛酒业集团等乡镇企业和民营酒厂都得到了良好发展，有些酒厂产出的酒甚至盛极一时，风靡全国。同时，各级政府在清理整顿的基础上，又对优势企业给予减免税收、扩大利润留存、贴息贷款等扶持政策，改造扩建重点企业，促进其向规模化、产业化、现代化发展。

市场推动下的企业结构调整步伐加快，规模经济出现，质量差、效益低、耗量高的小型酿酒生产企业的生存空间进一步缩小。中小企业向大企业、大集团靠拢，劣势企业向优势企业靠拢。以“六朵金花”为龙头，把分散的中小酒厂组织起来，发挥川酒的整体力量，特别加快中档白酒的发展步伐，以满足市场需求，形成高中低档酒、瓶装酒、散装酒同时发展的格局。由此，四川省政府适时提出了实施“8＋5”工程、“小巨人”计划等，并于1992年举办了首届巴蜀食品节。1995年举办了第二届巴蜀食品节，巴

郎酒端午制曲

蜀食品节是整个川渝地区食品行业的盛会，参会的厂家有数百家之多。同时，四川省政府不断争取全国糖酒商品交易会在川举办，多次组织川酒发展战略研讨等，促使各名酒厂在提高产品质量、扩大名酒产量的同时，推进相关产业，通过兼并、联合实现低成本、高效益的大发展。这些举措为川酒创造了良好的发展机遇。

1994年，四川白酒总产量达到144万吨，创历史最高水平。四川白酒营收牢牢占据中国白酒“领头羊”地位。酒类企业品牌意识越发强劲，通过着力改革机制、积极改进包装、开发新产品等措施，不断提高川酒竞争力，川酒矩阵更加鲜明。五粮液酒厂、泸州老窖曲酒厂、剑南春酒厂、全兴酒厂、郎酒厂、沱牌曲酒厂、蓝剑啤酒厂等9家酒企均被列入省政府“8＋5”工程。它们在20世纪90年代均发展成为企业或集团，在四川食品界率先成为产量超万吨甚至10万吨、产值超亿元甚至10亿元、税利上亿元的大型骨干企业。泸州老窖、沱牌、五粮液、全兴还率先上市。1995年，五粮液酒厂在第五十届国际统计学会会议上被评为“中国酒业大王”并受到表彰，彼时其在中国酿酒行业中拥有最大的规模和效益。同年，沱牌实业股份有限公司被列入全国首批100家现代企业制度改革试点企业；重庆啤酒集团、剑南春股份有限公司被列为省政府工业企业现代企业制度改革的80家试点企业之一。1997年，亚洲金融危机爆发，白酒行业遭遇前所未有的冲击和挑战。在应对亚洲金融危机冲击中，四川白酒企业主动推动生产经营模式创新。一大批白酒企业在原有品牌的基础上，纷纷推出新品牌、新营销战略引领白酒企业从危机中成功突围。从1998年下半年开始，五粮液集团在“五粮醇”买断经营模式的基础上，推出大批OEM（贴牌模式）产品，相继孕育出了“五粮春”“金六福”“浏阳河”“京酒”等强势品牌；泸州老窖推出“国窖1573”，树立了高端白酒的价格标杆；沱牌集团推出中高端品牌“舍得”，以舍得精神演绎中国文化，推动沱牌品牌及产品的全面升级；成都全兴集团推出“水井坊”高价位白酒，市场价位曾高达600元/瓶。

川酒在大兴改进包装、提高档次的同时，针对市场需求，从1994年开始兴起了“散酒出川”热潮。密集的散酒门店，构成了川酒消费的毛细血管网络。尤其是在多数三、四线城市和县域市场，散酒一直保持着扎实的消费基础和广泛的文化认同。四川散酒质量优良，为了扩大市场和降低成本，许多酒厂选择将散酒运往其他地方进行灌装和销售，以满足不同市场的需求，形成了散酒出川的局面。散酒为各地瓶装酒的基酒，进而又推动了其他省份白酒品牌的发展。散酒出川的年销量约70万吨，以邛崃、泸州、宜宾为最多，特别是邛崃销量最大，被称为全国“最大散酒基地”，川酒的优势更加突出。川酒随同食品工业，继续被列为全省支柱产业之一。

（三）从产业化向品质化转变（2000—2022年）

进入21世纪后，以白酒为主的酒业占全川食品工业大半壁江山，在四川省经济中的地位也十分显著。这一时期的川酒，发展呈现出从产业化向品质化转变的特点，逐渐走上高质量发展的道路。川酒品牌因其得天独厚的自然条件、悠久的酿酒历史、精湛的酿造工艺、丰富的文化内涵，始终位于“质”和“值”的高端。随着需求端的消费升级，人们越发注重生活品位，关注健康，少喝酒，喝好酒，同时还追求精神方面的满足。在多重因素影响下，川酒行业进入品质化时期。川酒得到了长足发展，品种逐步增多，企业规模逐步扩大，生产技术及设备水平不断提高，产品质量和产值不断提升，已逐步形成工业化的行业体系，成为全省国民经济的重要支柱之一。2003—2012年，被称为中国白酒的黄金十年。在这10年里，中国白酒产业量价齐升，飞速发展。以五粮液、“国窖1573”和水井坊为代表的川派浓香型白酒，成为引领“黄金十年”的第一批中流砥柱。此时，浓香型白酒已经占领了70%的市场份额。浓香型白酒对整个白酒市场的扩大作出了重要贡献，成为白酒消费的主流。同时，依托四川盆地天然的酿造优势，川酒也在积极进军酱香、清香型白酒领域。

古法酿造川酒的播撒酒曲种香工艺（图为乐山市犍为县彭大龙老酒坊） 张华摄

2011年，国家发展和改革委员会、工业和信息化部发布《食品工业“十二五”发展规划》，其中重点指出：支持企业通过收购、控股、并购、重组、强强联合，形成集团化、规模化的大型酿酒企业集团，提高产业集中度和企业竞争力。大力推动酿酒产业集群建设，积极建立酿酒生产园区，鼓励和规范酿酒产业特色区域的发展。从这一年开始，国家发展改革委开始主导在全国各地整合区域白酒品牌，为后续的行业整合埋下了伏笔。这些都为川酒产区发展奠定了基础：一是产区形成名酒带动效应；二是产区集聚效应形成更具优势的产业链资源匹配；三是产区可享受政府的政策利好。

2012年，党的十八大吹响了全面建成小康社会的号角。整合川酒资源，带动川酒国际化，为川酒插上了腾飞的翅膀。2012年5月，由四川省经信委牵头、“六朵金花”名酒企业共同发起的四川中国白酒金三角酒业协会正式成立，着力打造区域品牌并开展一系列活动。该协会致力于有效挖掘川酒历史文化资源，同时发挥川酒与四川其他优势产业的协同优势，将“喝川酒、吃川菜、品川茶”作为整体品牌标签，利用古装影视作品、抖音新媒体平台等进行大力输出，推向世界。

自2012年起，外部环境的变化给白酒业带来新的挑战。此外，多香型共同发展已经成为大势。为应对挑战，在政府规划引领、政策支持下，在行业变革和市场变化中，川酒仍然展现出进取者的姿态，凭借在浓香型白酒领域的深厚底蕴，经过数十年市场激烈竞争依然保持了优势地位，在营收占比、产区推广、企业梯队成熟度、品牌声量、人才培养、科研等方面遥遥领先。川酒营收增长远超行业平均水平，稳居全国第一。

2015年，四川省政府出台《关于促进白酒产业转型升级健康发展的指导意见》；2017年，启动“川酒”品牌提升计划。2017年，中国酒业协会评选出“世界十大烈酒产区”，贵州遵义、四川宜宾、四川泸州、江苏宿迁、山西吕梁和安徽亳州等6个中国产区上榜。此后，中国酒业协会又评选出包括四川邛崃在内的一系列“世界美酒特色产区”。2021年，四川省政府办公厅印发《推动四川白酒产业高质量发展的若干措施》，提出持续提升川酒品牌影响力，着力打造“川酒大产区”品牌，巩固浓香型产区品牌优势地位，做强赤水河酱香产区品牌，产区体系进一步成熟。特别值得一提的是，四川将“浓酱双优”写入“十四五”规划，提出要依托长江上游优质浓香白酒核心区和赤水河流域酱香酒谷，巩固浓香型白酒的优势地位，稳步提升酱香型白酒产能。

2019年，四川省食品饮料产业营收迈上8000亿元台阶；2020年，冲破9000亿元大关；推动食品饮料“万亿长跑”，最终在2021年成功向万亿“撞线”，并实现突破。食品饮料产业的发展是着力实施乡村振兴战略，实现农业大省向农业强省跨越，擦亮四川农业大省这块金字招牌的强劲动力之一。产业链的不断延展，不断呈现出崭新的趋势和方向，带动了川酒的文旅发展。比如，五粮液酒之源广场、“国窖1573”广场、剑南老街、天益老号博物馆、沱牌舍得生态酿酒工业园、水井坊博物馆、龙洄酒庄、泸州花田酒地、有机红高粱基地等建设项目，成为当地文化旅游、参观休闲、品酒聚会的名片，吸引了国内国际消费者参观体验。在海外举办的“品味中国”“四川文化周”等品牌推介活动，在重要国际窗口展示出白酒文化魅力，提升了川酒国际影响力，标志着企业品牌建设带动当地文化产业与生态环境的发展取得了突破。此外，每年春季在成都举办的糖酒盛会、永久落户泸州的中国国际酒业博览会、在宜宾举行的中国国际名酒博览会成为国家级白酒专业展会三大平台，代表着四川白酒产业发展、酒文化提升区域品牌建设达到了新高度。

在一系列政策的推动下，川酒在产量和营收上展现了其不可撼动的地位。即便在行业产量起伏波动、逐年下降的大背景下，川酒的产量和销售收入依然呈现出稳健的上升态势。根据四川省统计局的数据，2022年，四川省规模以上企业白酒产量为348.1万千升，较2012年（295.2万千升）增长约18%。在产区建设方面，川酒独树一帜，拥有宜宾、泸州两大千亿级产区，以及成都（邛崃）、德阳（绵竹）、川东北等各具特色的产区，形成了多样化且实力雄厚的产业格局。在品牌塑造上，川酒更是成绩斐然，“六朵金花”（五粮液、泸州老窖、剑南春、郎酒、舍得、水井坊）和“十朵小金花”等知名品牌在全国白酒市场中占据重要地位。这些品牌通过长时间的市场积累，形成了鲜明的品牌形象和深厚的消费者情感联系，成为川酒的战略优势。

（四）从品质化向品牌化转变（2022—2024年）

2022年，四川省第十二次党代会提出，建设支撑高质量发展的现代化经济体系，发展壮大特色优势产业，培育具有较强核心竞争力的大企业大集团，打造世界级先进制造业集群。由此，以川酒产业等为代表的四川特色优势产业迈入了全新发展阶段。为此，四川出台《全省白酒优势产区创新升级行动实施方案（2022—2025年）》，提出充分发挥在优质白酒、品质基酒等领域的资源优势，积极推进建设世界级优质白酒产业集群。

2023年6月，四川省委十二届三次全会进一步提出，着力建设世界级优质白酒产业集群，巩固提升川酒品质和美誉度，提高全球市场份额。川酒各大产区充分聚焦品质资源保护和开发的科技创新、体系创新，鼓励酒旅融合等消费文化升级创新，推动产业协同关系不断升级，向集群规模化、品牌化、高值化快速演进。同时，政策还引导、支持、鼓励白酒企业间加强合作，提升“川酒”品牌的市场影响力。如今，以“六朵金花”名酒和川酒集团推出的国酿系列酒为引领，四川白酒的产量、营收以及品质均位居行业前列。根据中国酒业协会及四川省统计局公布的数据，2023年全国白酒行业实现总产量629万千升，其中四川规模以上企业白酒产量为174.1万千升，占全国白酒产量的27.7%，这充分展示出川酒的竞争力。2023年，四川白酒制造业营收同比增长9.1%，规模居全国第一；利润总额同比增长18.7%，规模居全国第二，显示出川酒产业的整体实力和未来发展潜力。

进入2024年，中国白酒行业高质量发展的趋势更加明显，头部企业的销售占比依然处于增长势态，优势产区、头部企业和名优品牌正在进一步巩固其市场地位。同时，企业间的分化趋势也将进一步持续，具有竞争优势和创新能力的白酒企业会有更多发展机遇。如今，“坚持品质优先，做强川酒质量根基”的理念被四川各酒企放在了首位。面对市场竞争白热化、国际化发展缓慢、产能结构性过剩等普遍问题，川酒作出“抱团发展”的长期战略决策。随着川酒产区及酒企抱团发展的深入，川酒逐渐走向国际，酒企将更加积极、沉浸地探索国际化道路。2023年，川酒高举“川酒全球行”的旗号，以产区形式出征海外。

2024年，在四川省经济和信息化厅起草的《着力打造“川酒”品牌　推动川酒高质量发展行动方案（2024—2027年）（征求意见稿）》的指引下，未来川酒将如何发展，重点任务有哪些，都有了清晰的规划。该方案明确，打造“川酒”品牌将从品质基础、品牌价值、创新能力、融合发展等方面推进。在品质基础全面夯实方面，健全完备标准体系，形成一批领先国内、接轨国际的“四川标准”；纯粮固态酿造技艺守正创新，全生命周期质量管理体系更加完善，酿酒专用粮种植规模和水平显著提高，生产效率和优质品率不断提升。在品牌价值显著提升方面，“川酒”品牌文化内涵日益彰显；龙头企业品牌优势地位不断巩固；原酒品牌化转化成效明显，产品附加值和竞争力显著提升；名优白酒品牌知识产权保护及制度建立取得突出成效。在创新能力持续增强方面，攻克一批白酒酿造关键核心技术，搭建一批产学研联动的创新平台，形成一批新工艺和生产规程以提升出酒率、节粮率；开发一批引领消费升级的新产品，打造一批白酒消费新场景；数字化转型和智能制造水平领先全国。在融合发展不断深化方面，“川酒＋”传统文化、川菜、川茶等特色产业深度融合，打造酒旅融合精品旅游线路；包装包材、酿酒设备、会展金融等产业链配套能力不断提升；绿色酿造水平全国领先。

如何完成这一系列发展目标？需要从坚持品质优先、强化特色优势、坚持科技赋能、促进产业融合、加速出海进程、强化龙头培育六个方面着手。

坚持品质优先，做强“川酒”质量根基，需优化完善川酒标准体系，推动酿酒设备更新，实施全生命周期生产管理。其中，着重加强川酒标准体系制定研究，支持重点企业参与制定并加快推出符合国际质量认证体系、食品安全体系、环境保护体系的白酒国际标准。

强化特色优势，提升“川酒”品牌价值，需深挖“川酒”文化内涵，培育推广“川酒”整体品牌，加强川酒知识产权保护。比如，在全国主流媒体开展“川酒”品牌宣传，举办“川酒日”品牌活动，举办中国国际酒业博览会（泸州）、中国国际名酒博览会（宜宾）、四川国际美酒博览会（德阳）等专场博览会。加大酒史、酒器、酒礼、诗酒等领域文化研究，创作川酒标识、宣传片、宣传册、主题曲、诗歌集等，形成川酒品牌文化表达体系。加强古窖池群、酿酒作坊等文化遗产的保护与活化。

坚持科技赋能，提高“川酒”创新能力则需加快关键技术研究应用，实施酒类产品创新，加快数智赋能。支持企业细分目标市场，围绕年轻化、潮饮化、国际化、健康化等消费需求，创新酒体设计、包装设计，推出创新酒品。围绕白酒旅游精品线路、四川中国白酒博物馆等，开发一批酒旅文创周边产品。运用云计算、工业机器人等新技术，改造酿造生产、灌装包装、仓储物流、质量管控等环节，打造智能酿造优秀场景、示范工厂。

促进产业融合，推进“川酒＋”协同发展，具体做法是推动酒旅融合发展，高水平建设四川中国白酒博物馆。营造“品四川美酒，览四川美景”的旅游氛围，打造“川酒行”精品旅游线路，支持名优酒企依托现有园区及产区基础打造工业旅游基地、特色酒庄等旅游景点，带动酒旅消费。推动绿色酿造和推进渠道融合建设，瞄准餐饮名店、休闲场所等消费场景，打造“川酒＋”川菜、川茶及“川酒＋娱乐”“川酒＋市场”融合系列品牌。

加速出海进程，开拓“川酒”国际市场，需出台促进川酒出口的工作方案和川酒海外推广规划。以降低企业物流、推广、流通等环节成本为核心，进一步优化白酒出口营商环境。积极组织开展国际交流合作和产销对接，加强白酒产销政策、流通规则、市场信息等宣传推广及培训，支持企业针对目标市场进一步改进推广渠道、品牌营销、销售体系、价格机制等。发布国际市场拓展支持展会活动目录，支持企业参加“川酒全球行”“川行天下”系列活动。

强化龙头培育，增强“川酒”核心引领，需持续巩固龙头企业优势。聚焦宜宾、泸州、德阳、遂宁、成都等优势产区，推动“六朵金花”等名优酒企做大做强，加快成长为具有全球重要影响力和话语权的龙头企业。加快品牌企业培育，着力培育产业链配套企业。支持原酒平台企业加大对优质中小酒企、优质窖池的资源整合，支持原酒企业向品牌转化，开发自主品牌及产品。

川酒的品牌建设将继续高位求进，擦亮“金字招牌”。政府引导，企业合力，政府与行业层面共同推进的“品牌川酒”提升行动正在火热开展。除“六朵金花”，“十朵小金花”“四川省原酒生产企业20强”也纷纷发力，开掘新发展赛道，开启自身品牌提升之路。川酒品牌有丰富的历史内涵，同样也有坚实的现实支撑，目前已形成集群品牌、产区品牌、园区品牌、企业品牌、活动品牌等一系列川酒品牌。

在集群品牌方面，全省正加快打造世界级优质白酒产业集群，原粮种植、白酒制造、包装包材、白酒灌装、基酒生产及存储、白酒产业物流商贸、白酒产业会展金融、工业旅游展示等全产业链条完整，规划科学，优势明显。在产区品牌方面，有“中国酒都（宜宾）”“中国酒城（泸州）”“中国白酒原酒之乡（邛崃）”“酒乡（绵竹）”“中国酱酒之乡（古蔺）”“中国白酒之乡（射洪）”等全国知名优势产区；世界十大烈酒产区中，泸州、宜宾榜上有名。在园区品牌方面，四川泸州白酒产业园区、宜宾临港经济技术开发区五粮液产业园区、绵竹高新技术产业园区、四川古蔺经济开发区、四川沱牌绿色生态食品产业园、四川南溪经济开发区九龙食品园区等6个四川省优质白酒产业园区优势互补。在企业品牌方面，“六朵金花”享誉全球，丰谷、叙府等“十朵小金花”稳居全国区域市场，还有大批为国内名酒企业提供优质原酒的中小型白酒生产企业。在活动品牌方面，“川酒全国行”“中国国际酒业博览会”“中国国际名酒博览会”“四川国际美酒博览会”等活动品牌优势明显。

品牌建设无止境，从品质化向品牌化转变的过程，必将为“川酒甲天下”注入新的时代内涵。

都江堰夜景 蒋光丛摄

第二章

川酒 水脉甘洌

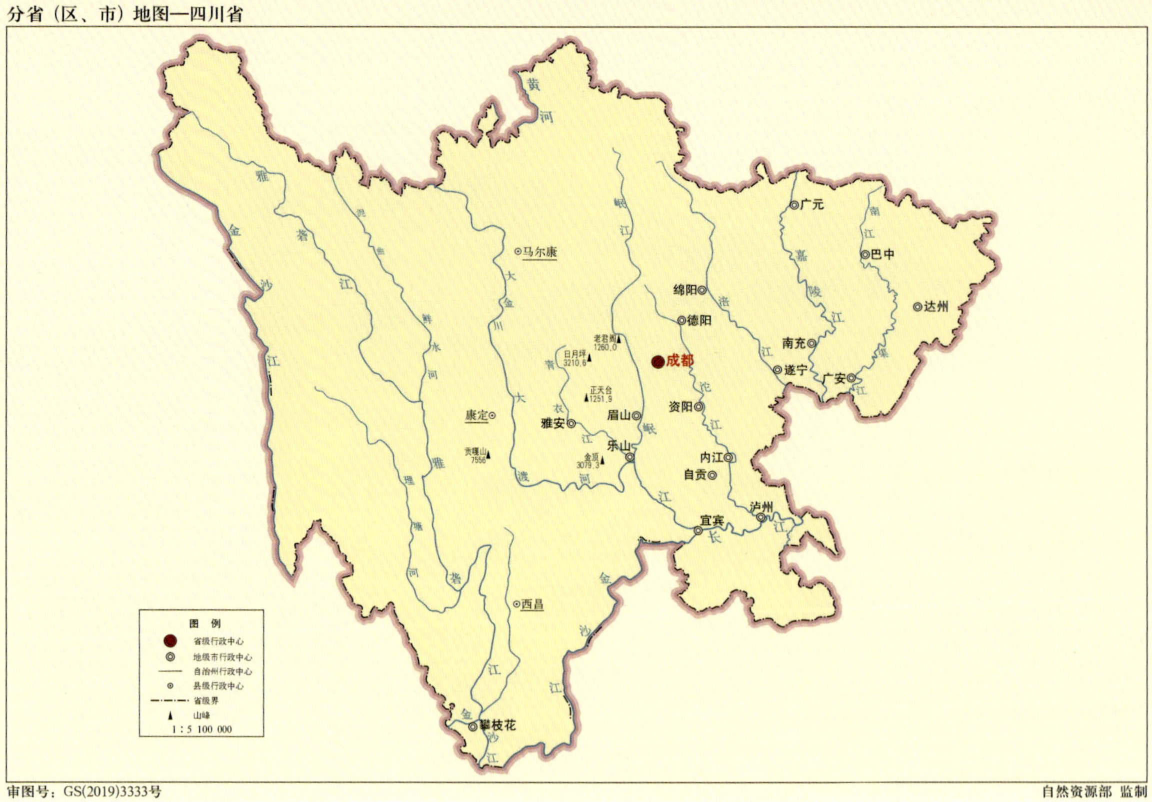

四川水系图

水，是生命之源，更是美酒之魂。纵览古今，放眼世界，名酒总与好水相伴。长江，是亚洲第一大河、世界第三大河，全长为6300多千米，是中华文明的主要发源地与发祥地。长江是承载千年川酒的美酒之源，长江流域汇聚了包括众多川酒企业在内的10余家国家级名酒企业。位于长江上游的四川，自古便是酒文化的摇篮。长江孕育了四川酿酒人乐观、包容、坚忍的个性，催生了川酒浓、酱、清各香型白酒兼优的产业格局，也滋养了文脉悠长、开放包容、底蕴深厚的川酒文明。

长江流经四川，在四川境内有岷江、沱江、涪江、赤水河等支流，这些支流有的奔腾咆哮，有的水平如镜……它们蕴含独特的微量元素和矿物质，催生了众多美酒。长江支流催生、滋养了五粮液、泸州老窖、剑南春、郎酒、舍得、水井坊等众多名酒。这些名酒有大气磅礴的浓香型，有粗犷均衡的酱香型，还有优雅清新的清香型，它们让川酒谱系丰富而多彩。同时，在四川广袤大地上流过的长江各大支流，还滋养了安乐泉、龙泉井、玉妃泉、古沱泉等历史名泉，这些名泉与名酒相伴相依、交相辉映，深为人们所喜爱。

一、岷江：五粮液、水井坊孕育地

岷江是长江上游的一级支流。岷江以“岷山导江”而得名。它发源于四川与甘肃接壤的岷山南麓，分东西两源汇合于阿坝州松潘县的川主寺，自北向南流经阿坝州、成都市、眉山市、乐山市、宜宾市等五市（州），于宜宾市区与金沙江交汇，汇入长江。

岷江流经之处，美酒众多，可谓“一路生花”，既有五粮液、水井坊、叙府等名酒，也有高洲酒、今良造等知名的川酒原酒品牌。

岷江成就了“中国酒都”宜宾。“四川美酒甲天下，千钟佳酿总宜宾。”宜宾，地处云贵川三省接合部，金沙江、岷江、长江三江交汇处，是万里长江第一城，拥有2200多年建城史、4000多年酿酒史，是世界优质浓香型白酒主产区、世界十大烈酒产区之一、中国白酒之都。岷江从雪山奔流而来，岷江水携带的钙、磷、钾等20多种微量元素和矿物质，为白酒酿造提供了得天独厚的有利条件。近年来，宜宾以其优越的酿酒环境、独具匠心的酿造工艺，取五谷之精华，催生了白酒企

三江汇合之地的宜宾

业集群，拥有“五粮液”“五粮春”“五粮醇”“金潭玉液”“叙府牌”“华夏春”“红楼梦”等多个中国驰名商标，五粮液集团、叙府酒业分别入选川酒“六朵金花”企业和“十朵小金花”企业，今良造、长兴酒业、高洲酒业、竹海酒业、金喜来、南溪酒业、永乐古窖等7家企

业入选“四川省原酒生产企业20强”。

在宜宾，“大国浓香”五粮液闻名天下。五粮液集团位于岷江河畔，其酿酒用水采自岷江河道中心垂直深入地下90多米位置，再经过400米隧道抽取的富含矿物质的古河道水。此水水质优良、甘美可口、杂质少，是酿酒的上佳水源。更重要的是，岷江江心水富含的矿物质，有助于酿酒微生物的生长和演化，让窖池一直保持生态的进化，为五粮液稳定的高品质提供了支撑。五粮液是中国浓香型白酒的典型代表与著名民族品牌，多次荣获“国家名酒”称号，并首批入选《中欧地理标志协定》保护名录。

五粮液酒以高粱、大米、糯米、小麦、玉米五种精细谷物为原料，以古法工艺配方酿造而成，是世界上率先采用五种粮食进行酿造的烈性酒。五粮液酒传统酿造技艺主要包括：五种粮食合理配比的“陈氏秘方”，包包曲制曲工艺，跑窖循环、续糟配料、分层起糟、分层入窖、

五粮图

分甑分级量质摘酒、按质并坛等酿酒工艺，原酒陈酿工艺，勾兑工艺以及相关的特殊技艺，等等。五粮液酒的酿造过程，要经历100余道极其复杂精细的工序，每轮次发酵时间就需70天，双轮发酵达140天，发酵期在各香型白酒生产中历时最长——其酒传统酿造技艺被认定为国家级非物质文化遗产。五粮液遵守“道法自然、古今恒通、传承发展、匠心善工”的传统技艺，坚持“料必优、时必适、工必到、法必精”的古训，秉持“优质、高产、低耗、均衡、安全”的现代化生产理念和“集五粮精华、守百年匠心、唯求完美酿造、永树品质标杆”的质量方针，总结提炼出“种、酿、选、陈、调”美酒五字诀，保证了酒体的高品质和独特风味。

1963年，五粮液首次参加全国评酒会，专家高度赞赏其“香气悠久，味醇厚，入口甘美，入喉净爽，各味谐调，恰到好处，尤以酒味全面而著称”。1995年，五粮液酒厂被授予“中国酒业大王”称号；1998年，五粮液酒厂改制为五粮液集团公司和五粮液股份公司；同年，五粮液股份公司在深圳证券交易所挂牌上市；2020年，五粮液股份公司被农业农村部、国家发展改革委等八部委评定为“农业产业化国家重点龙头企业”。目前，五粮液集团公司拥有两家A股上市公司，五粮液股份公司现有10万吨纯粮固态原酒年产能力和100万吨原酒贮存能力。其中，最大的白酒酿造车间年产能力达4.2万吨，产业园区规划面积18平方千米，被评为国家AAAA级旅游景区、国家工业旅游示范基地、国家非遗旅游景区。

五粮液布局全球市场体系，国内市场覆盖26个营销大区；国外市场构建了亚太、欧洲、美洲三大国际营销中心，产品直接销往国外56个免税店，分销业务覆盖100余个国家和地区。2019年，五粮液销售收入突破1000亿元；2020年，五粮液市值突破万亿元；2023年，实现销售收入1771亿元、利税超600亿元。五粮液品牌价值逐年攀升，位列“2023

五粮液“十里酒城”

世界品牌500强”第227位、“2023全球品牌价值500强”第59位、“2023中国品牌价值500强”第15位、“2023年《财富》中国500强”第164位。

作为成都平原的母亲河，岷江成就了成都平原的沃野千里，也成

就了成都平原上的美酒。成都地处北纬30°世界黄金酿酒带，拥有千年的酿酒历史和文化底蕴，诞生了“邛酒”“崇阳酒”“王泗白酒”等国家地理标志保护产品，代表酒企为水井坊。此外，成都还有金六福、全兴、文君、古川、蜀之源、金盆地、宜府春等知名品牌，是国内知名的原酒生产基地，春季全国糖酒会永久承办地。

川酒成都产区主要集中在邛崃，以及与邛崃相邻的蒲江、大邑、崇州等地，生产的白酒以五粮浓香型为主，也有酱香型、芝麻香型、清香型。川酒成都产区的核心承载地——邛崃，是一个百亿级的川酒产区，有着2300余年酿酒历史和“中国白酒原酒之乡”的美誉。早在1995年左右，邛崃就拥有酒厂1000余家，年产原酒30万千升。“十四五”期间，邛崃将以建设“四区”（中国白酒纯粮品质典范区、酒业品牌活力区、白酒创新策源区、酒旅融合示范区）为路径打造全国优势白酒产区，培育亿元

邛崃市牟礼镇两河村 何海洋摄

级“白名单”品牌10个以上，力争销售收入达到300亿元以上。同时，邛崃将通过三到五年的努力，培育形成50家左右规模的酒庄集群，开展酒旅融合，成为中国酒庄最为聚集、内涵最为丰富的产区，打造中国酒庄产业集群，成为“中国酒庄产业集群引领者”。

位于成都平原的川酒“六朵金花”企业之一的水井坊公司，在岷江的孕育下成长。凭借岷江水美和考究的酿造工艺，地处巴蜀政治经济中心成都的水井坊所产出的酒，一问世就受到了世人的追捧。水井坊的悠久传承有据可考：1998年8月，考古学者在成都锦江河畔发现了元末明初大型古代酒坊遗址——水井街酒坊。其被考古界、史学界、白酒界专家称为“中国最古老的酒坊”“中国浓香型白酒的一部无字史书”“中国白酒行业的‘秦始皇兵马俑’”“中国白酒第一坊”。2023年，水井坊实现营业收入49.53亿元，同比增长6%；实现净利润12.69亿元，同比增长4.36%。未来几年，水井坊将继续坚持“产品升级创新、品牌高端化、营销突破”三大战略策略，酿造浓香好酒。

除五粮液、水井坊等名酒外，岷江流经之处，文君、叙府、高洲等众多川酒区域名酒也格外闪耀。

“一曲凤求凰，千载文君酒。”位于邛崃的四川省文君酒厂有限责任公司发轫于明代寇氏烧房，是剑南春集团旗下全资子公司，年生产销售优质浓香型白酒能力逾万吨。公司主打产品文君酒源于《史记》所载的“文君当垆，相如涤器”，已历经2000多年的时光，品牌历史悠久。该酒曾屡获国际、国内大奖，多次荣获“四川名酒”称号和“国家商业部优质产品”称号。2019年文君酒厂被评为“首届四川省十朵小金花白

金质文君1988

酒企业”；2023年，文君酒传统酿造技艺被纳入四川省非物质文化遗产代表性项目名录扩展项目名录。

一杯叙府酒，辉映酒都史。叙府之名源于酒都宜宾的古称“叙州府”，叙府酒距今有近700年的历史，因肩负传承和发扬古叙州府纯粮固态酿酒技艺的特殊使命，遂以城为名。叙府酒酒质出众、醇厚味长，深得世代宜宾人喜爱。2009年，叙府酒业企业核心工艺成果“多粮浓酱兼香型白酒生产方法”获得国家发明专利。2018年，叙府酒业与川酒集团实现股权合作，现拥有翠屏山森林公园产区和李庄现代化园区两大基地，拥有“月亮窖”古窖池群及优质窖池5500余口，主要生产叙府系列成品酒及原酒，有各类高、中级专业技术人员100余人。

位于宜宾的高洲酒业，前身是清乾隆年间的杨氏大曲烧坊，被誉为“名酒背后的巨人”“原酒大王”，是全国白酒工业“百强”企业、“农业产业化国家重点龙头企业”、“中国白酒品牌价值30强”、“四川省原酒生产企业20强”。公司始建于1985年，始终秉持多粮浓香型传统生产工艺，坚持固态发酵、纯粮酿造。现占地近5000亩，拥有国家级白酒评委6人、省级白酒评委8人、技术人员318人。公司年产基础酒能力10万吨，贮酒能力16万吨，成品酒包装能力12万吨。公司拥有“高洲”“金潭玉液”系列酒等多个成熟品牌。“高洲”牌连续四届被评为“四川名牌”；“金潭玉液”荣获“中国驰名商标”“四川省品牌价值6强”，“金潭玉液”“高洲一号”等产品于2015年、2017—2019年、2023—2024年多次斩获布鲁塞尔国际烈性酒大奖赛金奖、银奖。

精品高洲一号

岷江流经的四川其他市（州），同样也滋养了一系列地方美酒。

眉山位于岷江中游，素有“酒乡”之称，拥有悠久的白酒酿造历史和优越的地理条件。眉山的白酒品牌众多，本地产的酒销售量最大的有“彭祖八百寿”系列、高庙白酒等。其中，高庙白酒用洪雅县花溪河源头——鱼洞泉、观音泉等从大山涌出的泉水酿造。在清代，其即以“花溪源酒”闻名于世。经过百年的传承，目前，高庙白酒产品主要有“花溪源”“瓦山春”“七里醉”“凌屏”“雅源”等品牌，近年来高庙白酒的知名度与美誉度不断提升。

岷江眉山段和东坡湖　邹慧剑摄

同样是岷江流经的乐山，其地方酒品牌颇有特色。宋朝苏东坡曾写道："笑谈万事真何有，一时付与东岩酒。""东岩酒"即为嘉州（今乐山）所产名酒。乐山有独特的饮酒文化，白酒饮用有着特殊的仪式感和文化内涵，其传统的饮酒仪式是"三杯两盘"，即先倒满一杯酒，然后敬给客人，客人喝完后再倒满一杯，直到倒满三杯。乐山地方酒品牌也较多，其中，峨眉山龙池酒业凭借其有着50余年历史的独特酿造工艺，成为乐山市第一家通过ISO（国际标准化组织）9001质量管理体系与HACCP（危害分析与关键控制点）体系的白酒企业。

从雪山而来，向东海而去，岷江从四川盆地最精华的成都平原一路南下，留下了无数美酒与故事，将水之精华酿成酒之浓香。

二、沱江：泸州老窖、剑南春滋养地

沱江为长江上游支流，是四川省腹部地区的重要河流之一。沱江发源于川西北九顶山南麓——绵竹市断岩头大黑湾，东泽天府，滋养着川东川南。沱江流经德阳、内江、自贡、资阳、泸州等地，流域内气候宜人，土地肥沃。

沱江，早已是一条酒香满溢的江。富含多种矿物质的优越水质、独特的自然资源和生态环境为酿酒用水提供了丰富的选择，让沱江流域成为得天独厚的酿酒宝地。

沱江边的德阳是川酒的核心产区之一。德阳是成都都市圈千亿级白酒产业集群主阵地，肩负着"川酒振兴"的重要使命，同时还获得了

“世界美酒特色产区”“中国美酒名城”等荣誉称号，成为传承世界美酒文化、传播四川产区美名的美酒重地。在德阳，有川酒“六朵金花”之一的剑南春、“十朵小金花”之一的金雁，以及“四川省原酒生产企业20强”之一的东圣酒业，还有诸如杜甫酒业、剑西酒业等酒类生产企业上百家。

德阳酒业看绵竹，绵竹酿好酒，以酒名天下。绵竹酒厂遍布，是因为绵竹酒文化底蕴深厚；绵竹酿好酒，佳酿韵无穷，是因为绵竹酒生态得天独厚。剑南春、东圣、丰淳、白云池、凤凰、五福、杜甫、剑西、碧坛春等知名酒企都坐落于绵竹。

剑南春，前身为绵竹大曲，又称“清露大典”。清代四川有名的戏曲理论家、文学家李调元在《函海》中称“绵竹清露，大曲酒是也。夏清暑，冬御寒，能止呕泻，除湿及山岚瘴气”。20世纪30年代，绵竹大曲被称为“川西酒坛一霸”，川西平原到处流溢着绵竹大曲醉人的馨香。1951年，绵竹人民政府将“朱天益”“杨恒顺”“泰福通”“天成祥”等30多家酒坊收归国有，成立四川绵竹地方国营酒厂，后更名为“四川省绵竹剑南春酒厂”。1958年，剑南春酒厂在绵竹大曲酒传统酿造技艺的基础上，通过原料改革和技术创新推出品质更为精良的剑南春，受到消费者的追捧。20世纪80年代，剑南春作为中国白酒三巨头之一，与茅台、五粮液并称为“茅五剑”。剑南春凭借独创的“一长二高三适当”（“一长”指发酵时间长，“二高”指入窖酸度高、入窖淀粉高，“三适当”指水分、温度、谷壳适当）工艺绝技，直接打破了浓香白酒优质品率长期低下的局面。同时凭借过硬的品质，它在第三、四、

沱江 钟宇飞摄

五届全国评酒会上均获“国家名酒”称号。

剑南春采用高粱、小麦、大米、糯米、玉米、大麦六种粮食为原料，酿造时先以小麦制成中高温曲，在泥窖中固态低温发酵，而后采用

续糟配料、混蒸混烧、量质摘酒、原度贮存、勾兑调味等工艺酿制完成。剑南春酒传统酿造技艺传承古法“泥窖固态发酵”，特别依托于其独有的“天益老号”老窖池。酒糟在窖池发酵“发热”属阳，用泥

剑南春酒史博物馆

池发酵属阴，性质不同，二者平衡而酿造出美酒，恰似中国“阴阳和谐”“天人合一”的哲学理念。蒸馏也是剑南春酒传统酿造技艺中重要的工序之一。将发酵好的固态酒醅采用续糟混蒸法在一种又低又矮的传统甑桶中缓火蒸馏，甑内繁多物质交织在一起，各种香味物质都蒸馏于酒中。在蒸馏过程中，不同时间段蒸出的酒所含乙醇、酯、酸等成分的比例不同，因此要分段量质摘酒，掐头去尾留中间。剑南春秉承传统工艺，并加以不断改进和创新，其酿造技艺体现了“古窖为体，古法为用”的思想，在传承中发展，在发展中弘扬。

2023年，剑南春总销售收入157.5亿元，位列2023年“四川民营企业100强”榜单第22位。其中“水晶剑”占比86%以上，位居白酒次高端市场单品销量第一。剑南春未来几年的发展目标为：到2025年，集团营业收入达到200亿元，力争向300亿元迈进。

沱江来到泸州汇入长江。从高空俯视，沱江汇入长江之处仿佛一只上苍赋形的酒杯，长江为身、沱江为柄。“中国酒城”泸州，地处北纬28°“中国白酒金三角”核心腹地，日照、温度、湿度、土壤在此完美组合，造就了这片酿酒黄金之地。此地酒香四溢，一直以来就有“风过泸州带酒香”的美誉。泸州被联合国粮农组织与教科文组织认定为“地球同纬度上最适合酿造优质纯正蒸馏酒的生态区”，被中国酒业协会认定为“世界十大烈酒产区”之一，同时它也是中国国际酒业博览会永久举办地。

有“浓香鼻祖”之美誉的泸州老窖，是长江畔的中国名酒。泸州老窖集团是在明清36家酿酒作坊群的基础上发展起来的国有大型酿酒企业，是浓香技艺的开创者、浓香标准的制定者和浓香品牌的塑造者，五次蝉联“中国名酒”称号。泸州老窖拥有从1324年传承至今、历经24代的泸州老窖酒酿制技艺，该技艺入选首批国家级非物质文化遗产名录；拥有从1573年连续使用至今的“1573国宝窖池群”，该窖池群是全球规模最大、保存最完整、连续使用时间最长的“活态酿酒文物”之一，被列为“全国重点文物保护单位”，入选中国世界文化遗产预备名单。泸州老窖酒因采用多年老窖发酵而得名，是中国浓香型白酒的代表。根据其质量，泸州老窖大曲酒可分为特曲、头曲、二曲和三曲，以泸州老窖特曲为优，因其具有浓香、醇和、味甜、回味长等特点。泸州老窖招牌产品“国窖1573”为单粮浓香型白酒，以高粱为主要原料，小麦制曲。泸州老窖酒酿制技艺工序繁杂，包含精选原料、粉碎、拌粮润粮、拌糠、上甑蒸酒蒸粮、摘酒、出甑摊晾、拌曲、入窖、封窖发酵、开窖滴黄水、起运母糟并堆砌母糟等12道工序。

泸州老窖通过数智赋能，培育和发展新质生产力，不断推动白酒这一传统产业转型升级，在中国白酒行业率先迈入数智化酿酒时代。泸州老窖已建成的3500亩黄舣酿酒生态园，其首创的老窖泥培育复刻技术、智能上甑技术，以及自动拌糟、自动出甑、自动堆糟、自动摊晾、自动出酒七大技术创新应用，在中国白酒行业数智酿造转型中极具开创性，泸州老窖智能酿造技术荣获“四川省科学技术进步奖一等奖”。2023年1月，泸州老窖智能包装中心正式启动运营，白酒行业首家灌装速度最快、质量检测最严、智能化水平最高、技

1573国宝窖池群

术创新最多的“灯塔工厂”正式建成，泸州老窖以10万吨灌装生产和500万箱成品酒贮存的新质生产力推动高质量发展。

近年来，泸州老窖坚持“因酒而兴、多元发展、生态赋能”的产业

泸州老窖黄舣酿酒生态园

协同发展思路，围绕打造具有全球影响力的大企业大集团新目标，聚焦“大消费、大金融、大流通”三大产业赛道，加快构建“产业同根、目标同向、资源共享”的协同发展格局，多业态协同发展呈现良好态势。在社会各界的关心支持下，泸州老窖的发展取得了较好成绩。2023年，泸州老窖实现营业收入1010.26亿元，同比增长11.48%；利润总额201.96亿元，同比增长21.15%。其中，股份公司实现营业收入302.33亿元，同比增长20.34%；实现净利润132.46亿元，同比增长27.79%。泸州老窖再次入围“2023中国企业500强”，位列第270位，排名较上年提升30位，同时入围“2023中国制造业企业500强”，位列第134位，排名较上年提升5位。

沱江流经之处，还有其他众多美酒。比如沱江边，诞生于资阳的宝莲大曲，历史悠久，其源头为明永乐八年（1410年）创立的老字号品牌“伍市干酒”。资阳的传统白酒，不仅具有极高的品质，还具有浓郁的地域特色。资阳陈色、伍市干酒、宝莲大曲，都曾经是风靡一时的知名品牌。其中，宝莲大曲在四川省第三届评酒会上被评为“四川省优质酒”。2005年，“宝莲”注册商标成为“四川省著名商标”；2009年，被评为“四川省老字号”。同时，资阳还有窖香浓郁、回味悠长的乐意大曲，以及两节山老酒。2018年，两节山老酒传统酿造技艺入选四川省非物质文化遗产代表性项目名录。两节山酒厂是资阳唯一的百年酿酒老作坊。

位于沱江边的内江市，也不乏美酒。早在20世纪80年代，内江就拥有一款属于自己的品牌酒——资中重龙酒，该酒曾在全国白酒销量排行中名列前茅。内江有较好的白酒产业发展基础，现已成为四川最大的特优质食用酒精集散地。2021年，内江签约川酒集团，政企携手打造“重龍”品牌，推动白酒产业集群发展。内江作为全国知名“甜都”，还创新发展果酒、功能酒、啤酒、葡萄酒和甘蔗酒（朗姆酒），丰富产品矩阵，构建差异化酒业发展格局。

沱江下游右岸的支流——釜溪河流经自贡市，滋养了这里的清香型白酒。自贡白酒主要以清香型小曲酒为主。近年来，自贡白酒产业初具规模，2019年全市规模以上酒企实现产值约35亿元。自贡白酒主要产能90%集中在富顺县，尤其是该县南部的长滩、怀德片区。富顺的优势在于拥有优质的原料种植基地、包装生产线，生产配套齐全。2021年6月，四川省政府办公厅印发《推动四川白酒产业高质量发展的若干措施》，明确支持自贡（富顺）加快建成全国优势白酒产区。“十四五”期间，富顺力争优质高粱种植面积达40万亩、玉米20万亩、水稻50万亩，规划建设高标准农田15万亩，全力打造酿酒粮专用基地示范县。

三、赤水河：郎酒、川酒集团美酒催生地

赤水河是长江支流中唯一未被工业开发影响的河流，更是我国白酒产业的宝库水源。赤水河自云南省镇雄县一路奔涌向东，由云贵高原向四川盆地奔腾，其间与延绵青山共舞，秀丽万千，最终汇入长江上游。赤水河因河流含沙量高、夏季大雨后水色赤黄而得名，古有赤虺河、安乐水、大涉水等名称；因红军“四渡赤水”的故事，再加上流域内盛产

美酒，当代有“英雄河”“美酒河”之誉。

赤水河畔，酱酒飘香。得天独厚的地理气候条件让赤水河流域成了中国酱酒的黄金河谷，这里集中了中国酱酒90%以上的产能和品牌。赤水河两岸的临河高崖环抱着河谷，抵御冷风来袭，因此河畔常年气候温润，植被平衡，环境、泥土所带来的给养，赐予了这个地段独特的水质和微生物群落，因此也有了“离开赤水河谷就产不出顶级酱香白酒”的说法。

“赤水河沿岸，不出百里必有好酒。”赤水河畔的泸州古蔺县被誉为“中国酱酒之乡”，这里地处四川“中国白酒金三角”核心地带，与贵州仁怀、习水等市县接壤。赤水河绕古蔺南、东、北三面而过，犹如半圆月与古蔺紧紧相拥。这片赤水河“半月湾”，拥有生产酱酒的天然条件与资源优势，是四川省唯一优质酱酒产区。赤水河流经古蔺县茅溪镇、二郎镇等多个乡镇，适宜酿造酱酒的核心区域有2万余亩。其中，依托赤水河而建的二郎镇，镇旺酒兴，白酒已成为其支柱产业，坐拥郎酒庄园等文旅胜地。作为古蔺县最靠近贵州茅台镇的茅溪镇地处赤水河“半月湾”的中心地带，拥有生产优质酱酒的天然优势，这几年正成为酒业投资热土。截至2023年底，省内外各大酒企在茅溪镇投产规模合计达1.5万吨。

2021年，古蔺县被中国酒业协会授予“世界美酒特色产区——中国酱酒之乡”称号。当前，古蔺已形成以郎酒为龙头引领，仙潭酒业、川酒集团酱酒公司、国醴酒业、金美酒业、力酱酒业等多家腰部企业为骨干支撑，众多中小酒企竞相发展的企业集群体系。2020—2023年，古蔺

四渡赤水

赤水河不仅是一条美酒河，还是一条流淌着红色基因的英雄河。

1960年，英国陆军元帅蒙哥马利与毛泽东会谈时曾称赞道：“您指挥的辽沈、淮海、平津三大战役，可以与世界任何伟大的战役相媲美。”毛泽东却回答道：“三大战役没有什么，四渡赤水才是我的得意之笔。”

曾被毛泽东评价为平生得意之笔的四渡赤水战役，就是在赤水河上打响的。1935年，红军长征进至贵州遵义，召开了著名的遵义会议，会后中央红军面临的形势依然十分严峻。国民党调集数十万兵力对其围追堵截，在生死存亡的危急关头，中央红军在毛泽东的指挥下，演绎了一个世界军事史奇迹——四渡赤水，实现了以少胜多、转被动为主动的光辉战例。这是红军自第五次反“围剿”失败以来取得的重大胜利，一举扭转了长征以来的被动局面。四渡赤水战役在中国革命历史上具有重要的转折意义，位于二郎镇的二郎滩就是红军二渡和四渡时的主要渡口，有名的“开仓分盐”和“二郎滩背水战”就是在这里发生的。“开仓分盐”是指红军在二郎滩开仓放盐，将几万斤盐巴全部分给了穷苦老百姓，老百姓则拿出自家的酒慰问红军，留下了美酒劳军的佳话。

中国酱酒黄金河谷——赤水河谷 李欣摄

优质酱酒产能从8万吨增长到16万吨，从产能上“再造”了一个古蔺产区。古蔺酱酒的发展目标已确定：力争2027年，酱酒产能突破30万吨，产值1000亿元、销售收入800亿元、税收200亿元，加快实现“千亿园区、百亿税收”目标。当前，古蔺正积极打造世界一流的酒产区，争创世界一流的酒园区，培育世界一流的酒企业，完善世界一流的酒业链，建设世界一流的酒生态，展示世界一流的酒文化，加快向着“赤水河左岸世界级优质酱酒产业集群”的目标迈进。

位于古蔺的郎酒集团是驰名中外的四川龙头酱酒企业，亦是川酒“六朵金花”企业之一。郎酒传统酿造技艺具有“四高一长”的显著特点。“四高”指高温制曲、高温堆积糖化、高温发酵、高温馏酒，“一长”指长期贮存，这是因为酱酒的口感和风味与酿造后贮存的时间有显著关系。同时，郎酒的贮存期高于行业标准，以青花郎为代表的高端酱酒所使用的基酒必须经过7年以上时间的老熟贮藏，明星产品红花郎也是严格遵循“端午制曲、重阳下沙”的要求，生产周期为一年，经历两次投粮、九次蒸煮、八次发酵、七次取酒，顺天应时，恪守古法。2008年，郎酒传统酿造技艺被列入国家级非物质文化遗产名录。洞藏是郎酒传统酿造技艺不可或缺的组成部分，郎酒天宝洞和地宝洞于2007年被四川省政府核定为省重点文物保护单位，并于2013年与泸州老窖作

赤水河畔摩崖石刻

坊群、五粮液老作坊等一起被列入中国世界文化遗产预备名单。2022年底，郎酒迈上年销售额200亿元台阶。目前，郎酒二郎酱香产区已拥有7万吨优质酱酒年产能，优质酱酒贮存量达22万吨。郎酒集团提出，在2024—2033年将分阶段实施“351”工程，即销售收入目标300亿元/年、500亿元/年、1000亿元/年。

郎酒庄园地宝洞 沈军摄

郎酒的庄园文化在行业内起到了创新引领作用。占地10平方千米的郎酒庄园位于国家级优质酱酒原产地保护区古蔺县二郎镇，自然条件得天独厚，酿酒资源禀赋优越。依托赤水河畔的自然环境，郎酒庄园承载了青花郎、红花郎等酱酒名品的“生、长、养、藏”酿造体系，是“生在赤水河，长在天宝峰，养在陶坛库，藏在天宝洞”的完美体现。

赤水河滋养的酱香型白酒企业，还有近年来兴起的川酒集团。这一经四川省委、省政府批准成立于2017年的大型综合性国有企业，拥有近5万口窖池（其中30年以上的老窖池2万余口）、60万吨产能和100万吨储能。川酒集团依托古蔺永乐酱酒基地、宜宾叙府李庄浓香基地、泸州自然香基地、邛崃宜府春基地这四大原酒基地进行原酒输出、个性定制、OEM开发和平台合作，已然成为中国最大的原酒生产商供应商，位列“四川省原酒生产企业20强”第一名。企业构建“1+2+N”国优品牌矩阵。“1”是指“国酿”，突出金融、商务属性，引领国优品牌发展；“2”是指“叙府”“赤渡”，突出品质属性，培育性价比产品；“N”是指众多区域名酒品牌，突出亲民属性，打造老百姓喝得起的纯粮好酒。川酒集团推出全新战略核心品牌“国酿”，立足酱香型白酒发源地——赤水河产区，聚合中国白酒全产业链平台优势，推动中国酱香白酒达到新高度。

四、涪江：舍得、丰谷名酒传奇谱写地

涪江，系长江分支嘉陵江右岸的最大支流，发源于四川省松潘县

与平武县之间的岷山主峰雪宝顶，流经四川平武、江油、绵阳、三台、射洪、遂宁等县市和重庆市潼南区、铜梁区，在重庆市合川区汇入嘉陵江。

涪江流经绵阳丰谷镇时，滋养了川酒“十朵小金花”之一的丰谷酒。丰谷酒因镇得名。丰谷镇古称“丰谷井”，涪江、安昌江、芙蓉溪汇聚于此，形成川西闻名遐迩的“名酒U形地带”第一道水源。水中富含多种微量元素，且硬度低、酸度适中，为酿酒提供了优质水源。丰谷酒业可以追溯到东汉建安年间富乐烧坊，清代康熙年间，在传承千年富

丰谷酒王・私藏30

乐烧坊酿酒工艺的基础上，丰谷镇天佑烧坊创立。新中国成立后，更名为“绵阳县国营酿酒厂”，1994年改制更名为“四川省绵阳市丰谷酒业有限责任公司”。丰谷酒业现有永兴、松垭、丰谷3个原酒生产基地，1个制曲中心，16条成品包装线；具有年产优质白酒10万吨的生产能力；拥有省级企业技术中心和国家CNAS（中国合格评定国家认可委员会）认可实验室；拥有中国白酒专家、中国首席白酒品酒师、四川“中国白酒金三角”酿酒大师1人，中国白酒国家级评委9人。企业先后荣获“中华老字号”“中国驰名商标”“中国白酒工业百强企业”等多项荣誉。公司秉承传统并融入独创的低醉酒度技术，以丰谷壹号、丰谷酒王、丰谷特曲、丰谷墨渊等为代表的核心产品，具有饮中“醇厚绵甜、尾味爽净”，饮后“醒得快、更自在”的内在品质和“复古时尚、潮流时尚”的独特包装风格。

涪江一路前行，流经遂宁。这里位于世界公认的北纬30°世界黄金酿酒带，是四川白酒川东北产区的核心承载地。不可复制的地理环境，造就了“中国白酒之乡”遂宁射洪，孕育了独特的白酒品牌——中国名酒沱牌舍得。射洪预计到2030年将建成以沱牌舍得为核心的600亿元白酒产业。

舍得酒业的前身为沱牌曲酒厂（1995年成立沱牌集团有限公司）。1945年，沱牌曲酒正式得名，至20世纪90年代末，逐步形成以沱牌曲酒、沱牌特曲、沱牌大曲等为主线的产品结构，一曲“悠悠岁月酒，滴滴沱牌情”传唱中国，“中国名酒·沱牌曲酒”成为一代人的记忆。2001年，沱牌集团推出高端白酒品牌——舍得。

在悠久的酿酒历史长河中，一代代匠人坚持于传承中创新，秉承独特的“六老”（老窖池、老酒糟、老曲艺、老匠人、老酿艺、老基酒）酿造技艺、“211”［两种粮食（大麦、小麦）、一保（安放保湿）、一合（合堆）］制曲工艺，成就了舍得酒的高品质和独特口感，使其成为浓香型白酒的典范。舍得酒业甄选优质原粮主产区的生态原粮，配合“六粮浓香工艺”，采用六粮科学配料，在浓香白酒酿造中具有“高粱香、大米净、糯米绵、玉米甜、小麦冽、大麦用于制曲”的特性，确保舍得酒香味成分的协调，其六粮配料的奥秘是大米和糯米的含量高，形成了舍得基酒“醇、甜、净、爽”的风味特征。酿造工艺的精华在于“两缓一清”。“两缓”中的一缓指的是窖内发酵速度缓慢，整体来说是发酵前段缓慢，中段挺进，尾段缓落；另一缓指的是蒸馏时缓火流酒，这样做能保证糟醅中不同香味物质精确地随酒精蒸汽分段分类馏出。“一清”指的是一清到底，保证基酒生产“原质原味”。

目前，舍得酒业已基本形成“2＋N”的品牌矩阵，“2”为“沱牌＋舍得”双品牌，“N”为“舍不得、天子呼、吞之乎、陶醉、尚书坊、柳浪春、遂州酒”等区域性品牌或培育品牌。沱牌曲酒传统酿造技艺于2008年被列入国家级非物质文化遗产名录。根据世界品牌实验室发布的报告，2023年，“沱牌＋舍得”双品牌价值合计超1500亿元。

舍得生态酿酒工业园

五、嘉陵江：小角楼、江口醇温养地

嘉陵江是长江上游支流，也是长江流域面积最大的支流。在四川境内，嘉陵江自北向南，流经广元、南充、广安等地，最终在重庆汇入长江。其清澈甘甜的水质，如同大自然赋予的甘露，为白酒的酿造注入了无与伦比的灵魂。

南充地处嘉陵江中游，年平均气温17℃左右，物产丰富，水系发达，拥有得天独厚的酒业发展优势，是四川白酒原酒重要的生产基地。在20世纪六七十年代，南充就拥有多个省内外知名的酒业品牌，产品畅销全国14个省市自治区。2000年左右，南充发展成为川酒重要的原浆酒生产基地。嘉陵江流经南充时，变得平缓，泥沙沉积形成肥沃的沙洲，滋养了水稻、小麦、玉米及尤为珍贵的糯高粱等作物。南充的糯高粱，以其颗粒饱满、支链淀粉含量高的特点，成为酿造当地白酒时不可或缺的瑰宝，为当地白酒的醇厚与甘甜奠定了坚实的基础。

作为川派原酒的璀璨明珠，凸酒取嘉陵水之精华，将传统酿酒工艺与现代造酒技术结合，并凭借其独特的清香与浓香原酒享誉四方。位于南充的四川凸酒酒业引领行业潮流，首创国内清香型无糠酿造工艺专利技术。这一创举彻底摒弃了传统酿造中糠壳的使用，有效去除了糠醛味的苦涩，使得酒体口感更加醇厚细腻，完美契合了现代消费者对高档清香型白酒的极致追求。凸酒在传承与创新间找到了完美的平衡点，通过大、小曲混用的独特配方，以及延长至45天的发酵时间，酿造出的清香原酒纯正而优雅，入口柔和，落口爽净回甜，其卓越的兼容性更使其成为露酒基酒的不二之选。四川凸酒酒业生产的浓香型系列白酒品质稳定，浓香风格典型，堪具代表性。其中运用无糠酿造工艺和纯高粱古法酿造出的“九方”无糠小曲清香系列白酒，有“清香纯正、醇甜柔和、自然协调、余味爽净、好喝不上头”等显著特点。2010年，四川凸酒酒业获四川省酿酒协会“2009年度四川省白酒制造业销售20强企业”称号；2022年，“首届四川省原酒生产企业20强”。

嘉陵江支流渠江流过的巴中，是四川白酒优质产区，产有江口醇、小角楼等地方名酒。目前，巴中全市已建成粮酒专用粮标准化核心示范基地3.5万亩，拥有规模以上白酒制造企业8家，年白酒产能超3万吨，年营业收入突破20亿元。巴中正发挥江口醇酒业、小角楼酒业两朵“小金花”和全丰酒业的龙头作用，加快整合全市白酒小酒厂、小作坊，推动进入龙头企业分工协作产业配套体系，着力做大规模，提升效益。

地处巴中的小角楼酒业，将300多年传统酿造工艺与现代技艺相结合，选用优质高粱、大米、玉米、糯米、小麦“五粮”独特配方，采集大巴山特有的“巴山松”针叶林森林腐殖质土壤，配搭古窖泥、古糟醅中的微生物菌群培养窖泥。“八步”（混蒸续渣、低温双轮底发酵、慢火蒸馏、量质摘酒、按级并坛、陶坛贮存、陈酿老熟、精心色调）生产工艺，使其酒质拥有“窖香幽雅、陈香怡人、醇厚甘润、自然协调、爽净适口”的独特口感。20世纪80年代，小角楼曾连续三年销量位居全国白酒销量第一，曾荣获“商业部优质产品奖”“中国驰名商标”等称号；小角楼酒业获“全国守合同重信用企业”“全国质量诚信优秀企业”“农业产业化国家重点龙头企业”“中国白酒工业百强企业”“首届四川省十朵小金花白酒企业”等百余项殊荣。近年来，小角楼依托大巴山“空气富氧、土壤富硒、水质富锶”的森林生态酿酒条件，全面实施“打造原生态原料及酿造基地、开创中国森林生态酒”的战略。

四川江口醇隆鼎酒业有限公司发端于1879年，创始人廖纶（四川平昌人）曾任江苏无锡知县、海洲道员，晚年回乡建“南台酒坊”。江口醇先后荣获“中华老字号”“中国驰名商标”“国家地理标志保护产品”等殊荣。江口醇酒业先后获得“农业产业化国家重点龙头企

嘉陵江岸　范吉涛摄

业”“首届四川省十朵小金花白酒企业”等多个称号，同时建有博士后科研工作站、院士科研中心。公司核心产品醇和年份酒系出百年老窖，其年份等于窖龄年份加罐储年份，加基酒年份，再加瓶储年份。该系列酒由国家级酿酒大师倾心勾兑调和，以川东北原产生态糯米、小麦和红缨子糯高粱为原料酿造，经传统复式发酵后，于大巴山得天独厚的小气候环境中孕育而成。

六、名泉：川酒佳酿争奇于世的涵养地

“佳酿出处必有名泉。”《礼记·月令》记载酿酒“六物”：“秫稻必齐，曲蘖必时，湛炽必洁，水泉必香，陶器必良，火齐必得。”其中，“水泉必香”便是对酿酒用水提出的要求。

好水出好酒，四川名酒多有名泉加持。四大名酒“五泸剑舍”与四大名泉的关系分别是：五粮液——安乐泉，泸州老窖——龙泉井，剑南春——玉妃泉，舍得酒——古沱泉。

安乐泉，与名酒五粮液共同书写佳话。安乐泉是千百年前五粮液的前身“姚子雪曲”的水源地，此水源自岷江地下古河道，与五粮液目前的酿酒用水一脉相承。安乐泉因北宋著名文学家、书法家黄庭坚寓居戎州时，饮用姚子雪曲后留下的传世名作《安乐泉颂并序》而得名。现在，安乐泉更名为“安乐神泉”，已是开放式景区，占地面积1.4万平方米，是五粮液旅游景区内的中国古典式园林景点。园林景观清新雅致，由安乐泉颂壁、诗酒雅堂、醉云阁等古典园林景观构成。

龙泉井，与名酒泸州老窖密不可分。一直以来，泸州城南的凤凰山下，今泸州老窖营沟头车间附近的龙泉井，都是泸州城内酒坊的取水地。这口井一年四季泉水清清，满井盈盈，大名鼎鼎、获奖颇多的泸州老窖大曲，就是用这井里的泉水酿出来的。据科学考证，龙泉井水无色、无臭，透明、微甜，呈弱酸性，有利于糖化和发酵，且水的硬度适宜，能促进酵母的生长繁殖，属于上乘的酿酒用水。明代万历年间，弃官从商的舒承宗回到泸州，取水龙泉井，创新酿制之法。舒承宗拥有丰富的酿酒经验，他取龙泉井水，采用五渡溪黄泥始建窖池，还创新大曲

龙泉井

重修龙井碑

酿制之法，总结出一套完整的大曲酒酿制工艺，即“配糟入窖、固态发酵、酯化老熟、泥窖生香”。至此，浓香型大曲酒酿制技艺进入“大成”阶段，这不仅推动了泸州酒业进入兴盛时期，也为后来全国浓香型白酒酿制工艺的发展奠定了基础。如今，泸州老窖景区还耸立着一块“重修龙井碑”，这块碑造于清嘉庆十二年（1807年），碑文中这样写道：“井以龙名，州属之胜境也。稽其建井之由，去之远而不可考也，饮者俱言其美，斯不愧为龙井。”1986年，泸州大曲老窖池群（即“1573国宝窖池群”）和龙泉井成功申报为泸州市文物保护单位，1991年获评为四川省文物保护单位。

玉妃泉，与剑南春紧密相连。玉妃泉是酿造剑南春的主要水源之一。玉妃泉水温常年保持在13℃，稳定日流量为1154立方米，矿化度为0.16克每升，泉水含锶、钠，属低钠的锶HCO_3–Ca型水，冬不竭、夏不盈，水清洌味甘、晶莹纯净，温度稳定。此外，泉水中还含有锌、锂、偏硅酸、硒等对人体健康有益的化学成分。1987年，国家地质部等专业部门学者组成专家组，对玉妃泉水质进行全面技术鉴定，科学验证了玉妃泉水是含锶低钠的营养矿泉水，富含多种稀有元素及矿物质，且含量适度，易于人体吸收，更有益于身体健康。1991年，玉妃泉被中国地质博物馆列为“中国名泉”，编入《中国名泉》画册。

古沱泉，与舍得酒共谱传奇。舍得酿酒，离不开沱泉。在射洪当地，一直都有“柳涌仙泉”“俏女投江化沱泉”“青龙垂涎涌沱泉”等传说。2007年，四川省文物考古研究院对位于射洪沱牌镇中街149号的泰安作坊（舍得酒业前身）遗址进行考古勘探和抢救性发掘时，发现古沱泉一眼。泰安作坊中的沱泉古井，深11米，此井修于清乾隆三十六年（1771年），一直是泰安作坊的酿酒水源。清代举人马天衢根据柳树沱之地名、万载奔涌不息的沱泉水和“沱泉酿美酒，牌名誉千秋”之诗意，将泰安酒坊的新酒命名为“沱牌曲酒”。古沱泉为射洪留下了美丽传说，也为射洪酿出了绝世好酒。

除四大名泉与四大名酒之外，在川酒谱系中，还有一些名泉与名酒的故事。

文君井酒，与文君井一起流传。在邛崃，流传着卓文君与司马相如的爱情故事，而如今仍在的文君井便是这段佳话的见证。据传，相如常在此洗涤酒具，而文君则亲自汲水酿酒，当垆卖酒。“文君当垆，相如涤器”一时传为美谈，蜀中仕子“莫不仰慕相如之风，当垆卖酒”。《邛崃县志》介绍文君井：“井泉清冽，甃砌异常，井口径不过两尺，井腹渐宽，如瓶胆然；至井底，径底及丈，真古井也。”20世纪八九十年代，文君井水还在被利用，如今，虽已不见泉水，却仍似有源泉暗藏于井底，凉气涌出，翻起泥香阵阵。杜甫、陆游、郭沫若等无数文人墨客曾到文君井寻访，追忆文君足迹。陆游专门写了一首《文君井》："落魄西州泥酒杯，酒酣几度上琴台。青鞋自笑无羁束，又向文君井畔来。"郭沫若曾专门为此井题词"故井犹在，令人向往"，赞颂这段千古佳话。他还写下《卜算子·题文君井》，其中这样写道："文君当垆时，相如涤器处。"马识途为文君井题名"中国白酒第一井"。在20世纪邛酒兴盛年代，四川省文君井酒业集团有限公司（前身为四川省邛崃市龙井酒厂）成立，该公司拥有由邛崃特有的黄泥和当地井水掺和筑成的3500余口40年老窖，酒以井为名，取其同源之水，酿就"窖香浓郁、柔和绵甜、清冽净爽、回味悠长"的独特风格。

三溪酒，与三溪"同名同姓"。三溪，即位于泸州泸县的三条溪：龙溪、马溪、赖溪。三溪酒精选泸州特有的优质高粱为主要原料，采用三溪酒传统手工酿制技艺，汲取三溪水源精酿而成。三溪酒业前身为泸县黄石坎烧坊，该烧坊始建于清宣统年间，由当地巨商出资买下工具、修葺酿堂，并招募乡工进行酿酒。到了20世纪30年代，黄石坎烧坊在当地已经小有名气，那时酿造的是小曲清香高粱酒。1976年，在原老烧坊基础上建成了泸县三溪酒厂。1997年，改制为四川泸州三溪酒类（集团）有限责任公司。作为川酒"十朵小金花"之一，三溪酒具有"窖香醇和、香味协调、绵甜爽净、回味悠长"的鲜明风格和特点。其优良品质和口碑获得了白酒界鉴评专家和社会各界的一致好评，荣膺众多奖项。1988年，"三溪牌"大曲酒荣获国家质量奖银质奖；被中国食品工业协会、中国质量管理协会、中国质量检验协会等评为“国家优质酒”；多次获评部、省双优白酒。三溪酒业拥有100多年历史，持续使用且保存完好的三溪窖池群，于2010年、2012年先后被列入泸州市第八批市级文物保护单位、四川省第八批省级文物保护单位。三溪酒传统手工酿制技艺在2013年、2023年先后入选泸州市第四批非物质文化遗产保护名录、四川省第六批非物质文化遗产代表性项目名录。

故宫酒，赖金钱井传承至今。明嘉靖四十一年（1562年），庄豫王在其封地宜宾江安县闲游时，发现一水井（安乐金钱井），井中产一物甚为稀奇：大若铜钱，外圆内方，色白透明，体形网状，在水中悠游，一弛一张，如花似伞，当地人称为金钱鱼。井水清澈甘甜，当地人喜取之以烹煮白肉（即猪肉）。生平嗜酒的庄豫王突发奇想：何不取此上等之水酿造美酒供己用！随即在其封地龙门口建造酿酒作坊，雇请酿酒名师，采用宫廷酿酒秘方，建桶、凿窖，取金钱井之水酿酒。美酒酿成，果然异香飘溢、清澈透明，入口甘爽、饮后留芳，庄豫王于是欣然为其取名为“安乐酒”。1952年，国营四川省江安县酒厂成立。1984年，江安县酒厂进一步挖掘研究传统工艺和配方，学习宜宾五粮液酿造工艺，同时对旧窖池进行技术改造，并扩建新窖。以本地“矮马尾”高粱、大米、糯米、小麦、玉米等五种粮食为原料，采用大曲酿造，运用混蒸续糟、固态发酵、固态蒸馏、三轮发酵、回酒发酵、量质摘酒、入库老熟等特殊工艺，并以金钱井水精心勾兑，生产出浓香型白酒皇宫液近10吨。1987年，江安县酒厂注册

故宫酒业老窖池

了“故宫”品牌第33类商标后，正式更名为“四川省宜宾故宫液酒厂”；1992年，四川故宫酒业有限公司成立；1993年，安乐酒更名为“故宫贡酒”，“故宫酒”系列酒的品牌一直沿用至今。

五粮液厂区西大门生态湿地公园

第三章

川酒 山脉浑厚

秦巴山脉北横，横断山脉西耸，云贵高原南矗，巫山山脉东峙。众山环抱，遮风挡雨，孕育出天府之国、四川盆地。

在这片神奇的土地上，北纬30°的神秘力量悄然穿越，不仅绘就了四川令人心旷神怡的自然奇观，更勾勒出一条举世闻名的“黄金酿酒走廊”。山脉之内，天然的洞穴为美酒提供了绝佳的贮藏空间。川酒之魂，就深藏于这崇山峻岭之间；山峦层叠，雄浑而壮美，犹如川酒之脊梁，赋予其生生不息的独特韵味。酒与山，相依相偎，酒借山之灵气而愈发醇厚，山则因酒香之缭绕而声名远播。四川盆地，宛如一颗镶嵌于大地的璀璨明珠，又似一座宏大的天然酒窖，静待时光酝酿佳酿。

川酒山脉，巍峨浑厚；川酒之成，山为之骨。酒以山为道，山因酒而名。巍峨的四川山脉，不仅为川酒提供了得天独厚的自然条件，更以其深厚的底蕴和独特的魅力，赋予了川酒独特的灵魂与气质，共同编织了川酒独一无二的风味图谱。

一、四川盆地：天然的大窖池

四川地形的巨大落差，引来了亚热带季风的温柔眷顾，形成了温和湿润的气候，使得这片土地水系密布，沃野千里，万物生长。四川盆地背靠巍峨的青藏高原，其独特的气候与温度条件，为川酒，特别是浓香型白酒与酱香型白酒两大瑰宝的酿造，提供了优良的自然环境。土壤中的微生物，宛如酿酒的精灵，它们以非凡的技艺，将五谷杂粮转化为琼浆玉液，成为白酒发酵过程中不可或缺的“酿造师”。

（一）纬度：黄金酿酒带上的璀璨明珠

四川盆地，位于中国西南内陆，地处北纬26°03′至34°19′，东经97°21′ 至108°12′之间。北纬30°这一神秘而富饶的地带，不仅拥有众多自然奇观与文明发源地，而且在酿酒领域展现出了非凡的潜力。四川特殊的地理位置，再加上盆地地形，形成了一个相对封闭且气候温和的空间，有效调节了极端气候，为酿酒原料的生长提供了稳定而适宜的环境。这种地理纬度的独特性，使得四川能够孕育出与波尔多、纳帕谷等世界级酿酒胜地产出的酒相媲美的美酒。

北纬30°的气候特点，在四川得到了淋漓尽致的展现。这里四季分明，温度适中，既不过于寒冷而影响作物生长，也不过于炎热而导致果实早熟失去风味。充足的阳光照射，是植物进行光合作用、积累糖分和风味物质的关键，为酿酒原料如葡萄、高粱等提供了丰富的能量和营养，使得它们能够充分发育，形成饱满而富有层次的口感。同时，适宜的降水不仅保证了土壤的湿润度，有利于作物根系的生长和养分的吸收，还为酿酒过程中的微生物活动提供了必要的水分条件，促进发酵过程的顺利进行。

适宜的纬度使四川地区拥有生态多样性，这也是四川成为酿酒胜地的重要因素之一。从高山到平原，从森林到河流，多样的生态系统孕育了丰富的生物种类，包括许多对酿酒有益的微生物。这些微生物在酿酒过程中发挥着至关重要的作用，它们参与发酵过程，将原料中的糖分转化为酒精和风味物质，赋予了四川美酒独特的风味和香气。

四川山峦起伏　王庆新摄

四川拥有多样的生态系统 王庆新摄

（二）温度：恰到好处的微生物天然温床

四川的年均气温维持在16℃至20℃之间，这样的温度区间，对于酵母菌、乳酸菌等关键酿酒微生物而言，无疑是最佳的生长条件。它们不仅能够保持高度的活跃性，加速糖分的转化与风味物质的生成，还能避免极端温度下的应激反应或生长抑制。

在酿酒的微妙过程中，温度不仅是微生物生长的催化剂，更是风味塑造的魔术师。四川的温暖气候，为酒体的发酵与陈化提供了完美的温床。酵母菌在适宜的温度下翩翩起舞，将原料中的糖分逐步转化为酒精与二氧化碳等，同时释放出复杂的香气前体。随着发酵的深入，乳酸菌等微生物也加入这场盛宴，它们通过乳酸发酵等过程，进一步丰富酒体的口感与风味，使之更加圆润细腻。这一过程，仿佛是大自然与酿酒师共同谱写的风味交响曲，每一个乐章都充满了温度与时间的智慧。

四川适宜的温度条件还体现在其四季不分明的特性上：冬无严寒，避免了低温对微生物活动的抑制；夏无酷暑，有效防止了高温对酒体结构与风味的破坏。这种恰到好处的温度调控，使得四川的酿酒师们能够根据季节变化灵活调整发酵工艺，确保每一滴酒液都能在适宜的环境下达到极佳状态。正是对温度的细腻把控，四川的美酒才得以展现出独特的韵味与品质。

（三）湿度：微生物生长的天然加湿器

湿度，这一看似无形却至关重要的因素，在四川的酿酒艺术中扮演着举足轻重的角色，它如同一位细腻的水墨画家，以高湿度的笔触，在微生物的生长画卷上勾勒出一幅幅生机勃勃的景象。

四川，以其独特的地理位置和气候条件，造就了高达82%左右的年平均相对湿度，这一数值恰好落在了优质白酒酿造所需的理想湿度范围（65%至85%）之内。这样的高湿度环境，仿佛是大自然为四川酿酒业量身定制的天然加湿房，为微生物的繁衍生息提供了适宜的水分条件。

在高湿度的庇护下，四川的酿酒作坊成为微生物的乐园。湿润的墙壁、地面乃至空气中弥漫的水汽，都成为微生物生长的温床。酵母

云雾缭绕的四川盆地是酿酒的天堂 王庆新摄

菌、乳酸菌等有益微生物，在这片湿润的天地里自由穿梭，它们利用空气中的水分作为媒介，进行着生命的繁衍与代谢，为酿酒过程注入了无限的活力与可能。这些微生物不仅加速了原料的发酵进程，还通过复杂的生化反应，生成了丰富的香气和风味物质，赋予了四川白酒独特的魅力。

四川有着独特的地理位置和气候条件 王庆新摄

除了促进微生物的生长与繁殖，高湿度还在无形中守护着酿酒的每一个环节。它保持了酿酒原料在发酵过程中的适宜湿度，避免了因干燥而导致的细胞破裂和营养流失；同时，高湿度还能够减少空气中的尘埃和杂菌数量，有效提升酿酒环境的清洁度与卫生质量。这种从源头到终端的全面守护，确保了四川白酒在酿造过程中免受外界污染的侵扰，保

四川盆地温暖湿润的气候为众多微生物提供了理想的生长环境 曾凌摄

持其纯正的品质与风味。

在四川的酿酒文化中，湿度不仅仅是一个物理指标，更是一种与自然和谐共生的哲学体现。酿酒匠人们顺应天时地利，巧妙利用高湿度的自然环境优势，创造出了一代又一代令人称道的佳酿。他们深知，湿度是连接自然与酒体的桥梁，是赋予白酒灵魂的重要元素之一。因此，在四川的酿酒作坊中，湿润的墙壁和地面不仅是微生物生长的温床，还是酿酒匠人们对自然敬畏之心的体现。

（四）气候：多样性与稳定性完美结合

气候，在四川这片神奇的土地上，体现为多样性与稳定性的完美结合。四川的气候条件，恰似一场盛大的交响音乐会，各种气候类型在这里竞相展现。盆地地区，宛如一个被群山环抱的温室，亚热带湿润季风气候滋养着这片土地上的万物。这里雨热同季，为酿酒原料的生长提供了充足的阳光与水分。湿润空气，如同轻纱般覆盖在谷物上，促进了微生物的活跃与繁衍；肥沃土壤，更是赋予了酿酒原料丰富的营养与独特的香气。而高山地区凉爽干燥的气候条件则为某些特定的微生物提供了独特的生长环境，它们在这里默默耕耘，创造出令人惊叹的风味奇迹。

在四川盆地，大自然的鬼斧神工造就了一个相对封闭的生态系统，这个系统仿佛一个巨大的摇篮，养护着酿酒所需的微生物种群。四周高山的阻挡，如同一道天然的屏障，将外界的干扰与侵扰隔绝，使得盆地内的气候得以保持相对稳定。这种稳定性，为微生物种群的长期繁衍与生长提供了有力的保障。它们在这里安心生长，不断积累着世代相传的智慧与经验，为四川的酿酒事业贡献着自己的力量。

这种气候与微生物之间的和谐共舞，不仅丰富了四川的酿酒文化，还为世界酒文化贡献了一份宝贵的财富。

二、风味密码：四川名酒古窖池

四川作为浓香型白酒的发源地，其独特的地理环境与气候条件，为酿造出举世闻名的佳酿提供了得天独厚的条件。这片丰饶的土地上，散落着数以万计的老窖池，它们如同沉默的守护者，静静地诉说着千百年的酿酒史话。

在酒的法则里，风味重于一切。浓香川酒的风味密码，就隐藏在四川的一口口老窖池里。酒的发酵，离不开庞大的酿酒微生物群落，窖池则为微生物的繁衍与活动提供了有利空间。尤其是老窖池中历经百年酿酒生产的窖泥，早已与己酸菌、梭菌等酿酒功能微生物菌群共存相生。在粮食发酵的过程中，酒糟中的有效成分和营养物质滋养出大量的酿酒微生物，酿酒微生物又以粮为食。在从粮到酒的神奇转化过程中，它们驯化富集、吐故纳新、繁衍生息，传递着浓香川酒千百年来未曾间断的秘密。

千年老窖万年糟，酒好全凭窖池老。正是四川产地这星罗棋布的老窖池传承了浓香四川的无上荣光，也将预见四川浓香的持续辉煌，再加上水质、土壤、粮食、微生物的有序组合，构成了川酒最为独特的基因。

值得一提的是，四川的多个古窖池群和酒坊遗址已入选“全国重点文物保护单位”（见下表），如五粮液老窖池群、泸州大曲老窖池群等。它们不仅见证了四川酿酒历史的悠久与辉煌，所酿美酒更是以其独特的酿造技艺和风味特色，赢得了国内外的高度赞誉。

四川省“全国重点文物保护单位”（白酒行业）

序号	名称	时代	类别	市	市（区）
1	水井街酒坊遗址	明、清	古遗址	成都市	锦江区
2	泸州大曲老窖池	明	其他	泸州市	江阳区
3	剑南春酒坊遗址	清	古遗址	德阳市	绵竹市
4	五粮液老窖池遗址	明至清	古遗址	宜宾市	翠屏区

（一）明代古窖池——五粮液老窖池群

五粮液老窖池群由“长发升”“利川永”“听月楼”“天锡福”“刘鼎兴”“钟三和”“张万和”“全恒昌”等8个古酒坊、上百口古窖池共同构成，是迄今为止国内发现的规模最大、保存最完整、连续不间断发酵使用时间最长的活态古窖池群。这些活态古窖池群已被列

五粮液“长发升”古酒坊

为国家级物质文化遗产，被誉为“活着的历史”。这些古窖池自明朝建立至今，已历经600余年的风雨洗礼，依然保持着旺盛的生命力，不断生产出令人陶醉的美酒。其中，最为人称道的，莫过于五粮液“长发升”古酒坊中的那16口明代古窖池。

早在1964年，四川省文物管理委员会就对“长发升”古酒坊进行了勘察鉴定。此后，五粮液先后对“利川永”“长发升”等古酒坊进行了多次考古勘探，出土了一批较为丰富的遗迹、遗物。

2020年，“考古五粮液”项目启动，该项目历时18个月，有100余位考古人员参与，汇聚了30多位国内考古学和行业顶尖专家，是目前中国酒业考古史上参与人员最多、运用学科最全、连续工作时间最长、专家阵容最强的考古项目。本次考古为将五粮液老窖池群历史年代提前至元代提供了实证，为溯源宜宾乃至中国南方白酒酿造历史提供了重要线索。

酒是时间沉淀的产物。五粮液老窖池不间断酿造，一年又一年，一轮又一轮，不断地投粮以实现酿酒微生物持续的驯化、筛选和迭代，最终形成满足五粮液酿酒需求的、活跃于该区域环境的、独一无二的特殊微生物群。这些特殊的微生物群与酿造活动相互促进、相互完善，形成了独有的微生态圈，使得五粮液香味越来越丰富，成就了其传世浓香。

窖泥，是研究微生物时重要的解析对象之一。老窖池之所以能成为酿造美酒的秘密武器，关键就在于其中历经数百年沉淀的窖泥。这些看似不起眼的泥土中，蕴藏着数以亿计的微生物群落，它们是看不见的“酿酒匠”，在酒的生成过程中扮演着至关重要的角色。从粮食投入窖池，与窖泥亲密接触的那一刻起，一场无声的微生物盛宴便悄然拉开序幕。酒糟中的有效成分与营养物质成为微生物的滋养源泉，而微生物则以发酵生香菌为主，它们在高酸、高乙醇等极端环境下顽强生存，逐渐适应并繁衍壮大。这些微生物与酒糟、窖泥相互依存，形成了一个复杂而微妙的生态系统，它们在生命活动中产生的各种香

五粮液老窖池

味物质，正是浓香型白酒独特风味的来源。五粮液老窖池群里的古窖泥，每克价格高于黄金，被誉为“天价泥巴”。2005年，五粮液“长发升”古酒坊古窖池中的一块古窖泥被中国国家博物馆永久收藏，成为该馆目前收藏的唯一的“活文物”。

（二）活态双国宝——泸州老窖“1573国宝窖池群”

1573年，泸州武举人舒承宗在泸州南城的营沟头选择了一块适合酿酒的风水宝地，并用城外五渡溪岛上的优质黏性黄泥和凤凰山下的龙泉井水来筑窖酿酒，最终建成了如今著称于世的“1573国宝窖池群”。同时，他还总结了一整套酿酒技艺。建成后的酿酒作坊，舒承宗为其取名“舒聚源”，意为人源（缘）、酒源、财源滚滚汇聚于此。舒聚源专酿大曲酒，所酿的酒也就是后来名扬天下的泸州老窖的前身。

舒聚源酿酒作坊建造的“1573国宝窖池群”，自1573年起持续使用至今，450余年从未间断，是我国现存建造最早、持续使用时间最长、保存最完整的原生古窖池群落。

1996年，这一珍贵的物质文化遗产被国务院授予“全国重点文物保护单位”的称号，并与首批国家级非物质文化遗产泸州老窖酒酿制技艺并称为“活态双国宝”。2006年，泸州老窖“1573国宝窖池群”更是作为中国白酒酿造的“活化石”，被列入中国世界文化遗产预备名单。2013年，泸州老窖的百年老窖池群、明清古酿酒作坊群，以及三大天然藏酒洞——纯阳洞、龙泉洞、醉翁洞，一并被核定为“全国重点文物保护单位”。

跨越450余年的时光长河，我们能够品味到“千年老窖，万年母糟”“酒好全凭窖龄老”的不凡与神奇。科学验证，新筑泥窖初时仅能酝酿中低档酒液，历经10年风霜，微生物群落渐成规模，方可产出部分精品头曲；而特曲之酿，非30年以上的老窖莫属。泸州老窖老窖池的窖底和四壁有经年累积的厚厚的窖泥，正是这层窖泥的存在，给了功能微生物菌群繁衍栖息的微环境。随着时间的推移，窖池连续使用时间越久，窖泥中繁衍富集的微生物越多，产出的酒也就越醇香浓郁，酒质越好。

“1573国宝窖池群”建窖的窖泥选取的是泸州长江边五渡溪岛上

1573国宝窖池群　潘泉摄

特有的黏性黄泥，其密封性好、不含杂质、柔软细腻，堪称“世界上最好的窖泥之母”。其原因主要在于，五渡溪岛地理结构独特，长江在其南，五渡小溪环绕其北，呈半月形合抱之势。岛南部整块结构的绵沙石有力挡住了上游江水的冲击和可能积淀下来的杂质泥沙，而正北面的山泉水又起到了清淤淘沙的作用，保证了黄泥土壤漫长生长发育过程中所需要的极净水源。再加上亿万年前的板块运动，留下了大量可以搓细至粉末状而黏性又极强的金黄色颗粒状矿物质，在长江水和山泉水的长期交互浸泡下，这种本身并不坚硬但不含杂质的黄色颗粒页岩矿物质腐变软化，逐渐演变为美妙的金黄色泥土。

（三）神奇窖中窖——剑南春“天益老号”酒坊

2005年，“2004年度中国十大考古新发现”评选名单揭晓，剑南春“天益老号”酒坊遗址名列其中。这处遗址不仅见证了古代酿酒技艺的辉煌成就，还承载着千年的酒香与文化。

步入“天益老号”酒坊遗址，仿佛穿越了时空隧道，回到了那个酒香四溢、繁忙有序的古代酿酒场景。井水清澈见底，是酿酒用水的源头；炉灶余温尚存，记录着昔日炉火纯青的技艺；晾堂宽敞明亮，是酒醅自然晾晒的绝佳之地；水沟与池子错落有致，流淌着岁月的痕迹；粮仓内，虽已空无一物，但仍能感受到当年粮食堆积如山的壮观景象；而那些坚固的墙基，则默默诉说着岁月的故事，守护着这份古老的传承。尤为引人注目的是那7组共26口的酒窖，它们大小不一，却都深藏着时间的秘密。大的酒窖深达两米，仿佛是大地母亲为酒液准备的温床，让每一滴酒都能在这里得到发酵与熟化。窖底的黄土，在历经酒液浸染与酒糟侵蚀后，颜色由最初的金黄逐渐转变为乌黑，再转为灰白，色泽斑斓，仿佛大自然最精妙的调色盘。这不仅仅是颜色的变化，更是时间与微生物共同作用的奇迹，是自然与人工完美结合的典范。

“泥窖生香”，这是四川浓香型白酒酿造过程中最为关键的一环。“天益老号”所采用的筑窖原料，是细腻无沙、色泽金黄、绵软细腻的黄泥，这种黄泥不仅黏性极好，能够自然保水，而且更因其钙、铁离子含量少，为微生物的繁衍提供了得天独厚的环境。在这里，微生物群体成为酿酒的主角，它们或独立生长，或相互依存，共同构建起一个复杂而精妙的生态系统。这个系统不仅能够促进粮糟的发酵，提升酒的品质，更在不断的驯化和富集过程中，积累着生命的密码与年轮的记忆。

清晨，当第一缕阳光洒在“天益老号”酒坊上时，一天的忙碌便开始了。师傅们熟练地将已经发酵成熟的酒糟从窖池中取出，接着上甑蒸馏。随着酒甑盖子的缓缓揭开，一股醇厚透明的液体便缓缓流淌而出，那是时间与智慧的结晶，是自然与人工共同酿造的佳酿。随后，师傅们会将已经摊晾完毕的酒醅撒上酒曲，搅拌均匀后，用独轮车推着糟醅，回填到前一天已经出完的窖池中，开始新一轮的发酵过程。大约70天的时间里，酒醅在窖池中静静地发酵着，微生物们在其中忙碌地工作着，它们吐故纳新、生生不息，将粮食中的精华转化为令人陶醉的酒香。新一轮的出窖、上甑、配糟续糟、回填再次开始，

“天益老号”酒坊大门

天益老號
酒氣沖天飛鳥聞香化鳳

这不仅仅是一个简单的循环过程，更是对古老酿酒技艺的致敬与传承。

“天益老号”老窖池，这个集发酵容器、微生物生命载体和摇篮于一身的神奇之地，用其最精密最完美的内部格局裂变，诠释着时间与空间的共同酿造艺术。在这里，每一滴酒都蕴含着千年的故事与文化的精髓；在这里，每一次发酵都是对传统的坚守与创新的探索。离开此地后，无论酒液流向何方，那份独特的口味与韵味都将永远留给人们独特的记忆，成为无法复制的经典。

（四）“中国酒文化的活文物”——舍得泰安作坊

在“观音故里、诗酒之乡”——四川省射洪市沱牌镇上，有一座泰安作坊。该作坊始建于唐代，建筑面积为929平方米，现存古窖池两处，古井一口。作坊内设施齐全，保存完好，仍在正常生产。

新中国成立后，泰安作坊改组为地方国有企业射洪县实验曲酒厂，采取“继承传

舍得泰安作坊

统，兼纳各大名家之所长；发展创新，研制独具特色之上品”的酿酒工艺发展战略，以优质高粱、糯米、小麦、大米、玉米为原料，将现代微生物技术、微电子技术与传统工艺相结合，引进国内外先进加工设备，创新工艺流程，创造出沱牌曲酒多粮制曲和多粮酿造独特新工艺，并成功将模糊数学理论应用到白酒勾调中，并以“窖香浓郁、绵软醇厚、清冽甘爽、尾净余长，尤以甜净著称”的独特风格于1989年荣获国家质量奖金质奖，跻身中国名酒行列，成为“中国白酒发展史的一个缩影”。

2007年6月上旬至7月底，因泰安作坊老车间的改扩建工程，来自四川省文物考古研究院、遂宁市宋瓷博物馆、射洪县文物管理所的专业人员对泰安作坊遗址进行文物调查、考古勘探与抢救性发掘。经过发掘，揭露出含有明、清时代文化遗物的堆积层，厚逾2米；清理出大量的酿酒遗迹、遗物。主要遗迹有：窖池6口、接酒坑1个、晾床3处、灰坑3个，以及酒坊地面建筑的石柱础、踩踏面、石墙基、排水沟等。窖池间的地层叠压或打破关系层位明晰，再现了酿酒窖池的早晚时序，展示出泰安作坊白酒酿制工业自明、清以来的发展历史。其中，堆积层和窖池内提取的酒糟窖泥，对现代酿酒工业生产有重要的现实意义。

此次抢救性发掘出土有各式酒壶、酒杯、罐、缸、碗、盘、碟、灯盏、盆、钵，以及砖、瓦、瓦当和石井圈。这些遗物均与酿酒、饮酒、酒肆、酒坊有关。特别是遗址中出土的“品酒杯”，器物虽小，弥足珍贵。这些出土遗物证实泰安作坊是具有悠久历史的白酒作坊，是传统白酒工业的重要文化遗产，是四川乃至全国传统白酒工业作坊遗址的又一重大考古发现。

经泰安作坊中的古窖池酿制而成的曲酒，具有中国浓香型白酒寒绿、醇甘、清洌之独特风味，被中国白酒界泰斗周恒刚、沈怡方称赞为“中国白酒之典范”。2005年，泰安作坊被国家文物局、中国食品工业协会列入“中国食品文化遗产”，并先后被射洪县和遂宁市人民政府核定为县级文物保护单位和市级文物保护单位。2008年，沱牌曲酒传统酿造技艺被列入国家级非物质文化遗产名录。

（五）岁月沉淀的醇香传奇——水井街酒坊

成都锦江畔，屹立着迄今为止国内外现存最完整且年代最早的酒类考古发现遗址之一——水井街酒坊。这座酒坊历经元、明、清600余年，其古法生产酿酒流水线至今仍在运转。

走进水井街酒坊，最引人注目的莫过于那几口历经数百年风雨的老窖池。它们不仅是酿酒的核心，更是微生物的乐园。在温润的气候与岷江雪水的共同滋养下，这些老窖池内形成了一个独特而复杂的生态系统，孕育出了以“一号菌群”为代表的丰富多样的微生物类群。这些微生物如同无形的艺术家，在岁月的长河中默默工作，将粮食转化为香气四溢的美酒。

近年来，随着水井坊“一号菌群”科研项目的深入开展，这个微观世界的神秘面纱被逐渐揭开。科研团队借助先进的“二代+三代”（长片段）宏基因测序技术，对老窖池中的微生物进行了全面而深入的解

水井坊老窖池

析。他们发现，这里竟然蕴藏着超过25万个功能基因、近4000种微生物，其中不乏嗜热菌、己酸菌、丁酸菌、醋酸菌等关键功能菌种。这些微生物通过复杂的代谢途径，生成了水井坊酒中独有的窖香和陈香成分，赋予了酒体独特的风味与品质。

尤为引人注目的是，科研团队还在这片微生物的海洋中发现了103种潜在新微生物，以及37条独特的生香代谢通路。这些发现不仅丰富了我们对微生物多样性的认识，还为水井坊酒的品质提升与风味创新提供了无限可能。

在水井坊老窖池中，古菌群被视为“品质的孵化器”。它们如同一位位默默无闻的工匠，用自己的力量塑造着水井坊酒的独特魅力。一方面，古菌群能够激发生香细菌的生物活性，促进这些细菌的大量繁殖与高效代谢。这样一来，不仅增强了产香能力，还促进了香气成分的多样化与复杂化，形成了水井坊酒那令人陶醉的窖香与陈香。另一方面，在固态发酵的过程中，古菌群还能够改善靠近窖泥的酒糟环境，实现微生物环境的“完美平衡”。这种平衡状态使得酒糟中的微生物能够更好地生长繁殖，从而产出品质更加醇厚、更加出众的酒体。

三、品质沉淀：四川名酒洞藏

在川酒“生、长、酿、藏”的生命足迹中，“藏”是川酒生产链条上的点睛之笔。川酒的“藏”环节也是川酒文化的重要组成部分。

湿润的洞穴，是藏酒的绝佳之地；洞穴中的微生物，是天然的白酒勾调师。酒，这有生命的液体，在山洞中历经日月修行，阴阳调和，酒体变得稳定平和、细腻老熟。

川酒“六朵金花”的生长足迹中，诞生了众多著名藏酒洞。“洞藏”为四川产好酒进而产世界名酒，奠定了基础。

（一）泸州老窖：纯阳洞、龙泉洞、醉翁洞

地处四川盆地和云贵高原过渡地带的泸州，地形多样，地貌复杂，为当地的酿酒提供了优质条件。依托这些条件，泸州成为全国唯一的浓酱双优白酒原产地。在泸州五峰岭下，泸州老窖的三大藏酒洞——纯阳洞、龙泉洞、醉翁洞汇聚于此，集江河山川之灵气，孕育了泸州老窖原酒的修身之地。这些藏酒洞不仅是泸州老窖的重要组

成部分，而且被列为第七批“全国重点文物保护单位”（归入第四批“全国重点文物保护单位”泸州大曲老窖池），与泸州老窖窖池群及酿酒作坊一同受到保护。这三个藏酒洞内空气流动缓慢，温度常年保持在20℃左右，相对湿度常年保持在80%左右，为白酒酒体的酯化、

纯阳洞

老熟、生香提供了绝佳的环境。

这三个藏酒洞安静幽深，两江汇流形成的浩荡臂弯为洞内提供了恒定的湿度和温度，这正是白酒的最佳贮藏条件。与山洞藏酒相辅相成的，则是那些以川南黏土精制而成的陶坛。这些陶坛经过多道手工工序和高温煅烧，黏土中的有机物被烧尽，形成网状微孔结构。正是这种微孔结构，使得陶坛中的酒与外界环境得以进行缓慢的交互，促使酒体日渐老熟，从辛辣转为柔和，终成极致好酒。这些陶坛，多源于20世纪50年代公私合营时期，承载着数十年历史，是文物般的存在。陶坛表面，酒苔密布，这是由神奇的霉菌与洞内微生物自然作用形成的瑰宝。酒苔越厚，对酒体的陈酿老熟助力越大，此乃山洞藏酒之独特优势。泸州老窖的洞藏，乃是在地、窖、艺、曲、水、粮等诸多酿酒要素基础上的升华。唯有那些已具备好酒特质的酒体，方能经洞藏而完成酒质和口感上的老熟与蜕变。放眼望去，此处聚集了泸州老窖上百年的精酿宝藏，从数十年的洞藏陈酿到新酿原酒，洞内皆有。

每年农历二月初二，泸州老窖都会承袭传统祭祀礼制，举行春酿封藏大典。酿酒师们以虔诚的态度推出“国窖1573定制酒”，酒体来自450多年从未中断的国宝窖池群，经传承24代的酿酒大师纯手工精酿而成。封藏大典不仅是追颂先祖的年度盛典，还展示了酿酒行业对自然和传统的敬畏。这些至臻春酒，将在沉睡中老熟生香，等待五年后的蜕变启封。封藏“国窖1573”的龙泉洞，专门用于贮藏新酒。新酒火性高，被称为白酒起初的“极阳状态”，充满了阳刚之气，酒体刺激辛辣。这

泸州老窖封藏大典

时候，阴性的山洞就起到了作用，经过一定时间的贮存后，酒体日趋平衡，最后变得细腻、柔顺。

（二）郎酒：天宝洞、地宝洞、仁和洞

泸州市古蔺县，位于大娄山西段北侧，地貌多样，山峦叠翠，沟壑纵横。这里地势西高东低，南陡北缓，形成了低山河谷、低山窄谷、中

山槽谷和中山峡谷等多元地貌。地层发育丰富，涵盖多个地质时代。古蔺县属亚热带湿润季风气候，四季分明，雨水充沛。这里盛产优质糯红高粱与小麦，是酿酒原料的宝库。这里的微生物环境优越，有利于酿酒微生物的繁殖。古蔺的自然地理环境为当地酿酒业的发展提供了极佳的条件。

“神仙住在天上，郎酒藏在洞中。”郎酒的三大天然藏酒洞——天宝洞、地宝洞、仁和洞均位于蜈蚣岩的悬崖峭壁上。其中，天宝洞最负盛名，这里有经岁月雕琢而成的喀斯特溶洞奇观，其地质年龄长达1.8亿年，曾是海底的秘境，如今则化作藏酒的圣地。洞内恒温，温度常年介于18℃至22℃之间，湿度也恒定地保持在60%~70%，仿佛时光在这里凝滞，岁月在此静好。酱香老酒陶坛上的酒苔，厚达数厘米，由400多种微生物集结而成，它与洞内的温度、湿度、微生物群落共同营造了一个绝佳的贮酒环境，可以促使酒体醇化老熟，更加香醇，这便是郎酒天然洞藏的神秘所在，是郎酒洞藏的生动体现。酒在此醇化生香，变得更加细腻、丰满、醇香、厚美。

天宝洞的发现，源自一次偶然。1969年春，原郎酒酒厂会计邹昭贵因母亲病重，上山采药为母治病。草药备齐，尚差一味石灵芝，他寻了数日也未见其影踪。后来，邹昭贵听说蜈蚣岩峭壁下有此草药，便一大早上了蜈蚣岩，在乱石嶙峋的杂草丛中，终于发现了石灵芝。邹昭贵的到来，惊扰了一石洞内的岩燕，上百只岩燕从洞穴中倾巢而出，天宝洞就这样被发现了。身为会计的邹昭贵心想，要是能把这个洞用来贮酒就好了，既能满足酒厂扩产贮酒的需要，又能节约大笔修建贮酒仓库的资

泸州郎酒庄园天宝洞休闲度假酒店

金。于是邹昭贵多次深入洞穴探察，经考察认为可行后，向厂里提出了建议。他的建议很快得到了采纳。20世纪70年代初，洞穴启用，并得名“天宝洞”。郎酒酒厂将建厂以来的老酒一一编号并存入洞穴之中，开启了天宝洞的贮酒时代。

随后，郎酒酒厂又在天宝洞下方开发了地宝洞，同样用于贮酒。天宝洞形似龙形，地宝洞状若凤凰，两洞洞尾上下相通，形成龙凤交尾的奇观。天宝洞与地宝洞总面积达1.42万平方米，内藏土陶酒坛上万个，基酒数万吨。它们被誉为当今世界最大的天然酒库，成为蕴含中华酒文化的璀璨明珠。

到访过天宝洞的文化名人发出了不同的感慨。2011年，诺贝尔文学奖获得者莫言先生来此参观，感叹说：“……天造地设的奇迹在世界上绝无仅有，那千万个盛满美酒的陶瓮排成行列，默默地蹲在那里，等候着开瓮勾兑的美好时刻。洞中洋溢着浓浓的酒香，令人心中生出一种朦胧的幸福感，想李白如能在这洞中生活，美酒任他饮，那诗还写不写了呢？据云多有名人在此地撰联，当时我也想了一联，补记如下：洞藏美酒千瓮万瓮，心有灵犀一通百通。”辞赋家何开四先生来到这里时也发出感叹：“瓮坛成阵，依稀秦皇兵马俑；盖世奇观，何期欲界有仙都。”

仁和洞地质年龄同样有1.8亿年。仁和洞洞形狭长，时而宽广，如三条大鱼身摇鳍张，衔尾而进。洞内温度19℃～21℃，湿度60%～70%。洞中有9个贮酒平台，借由杜甫《饮中八仙歌》，以杜甫及八仙为名：诗圣台、四明台、左相台、玉树台、汝阳台、醉禅台、诗仙台、草圣

仁和洞 蒋涛摄

台、五斗台。它们穿越时空遥呼千古风流人物。每个平台，均可贮酒若干，洞内共计可贮酒千余坛。每坛重50斤到1000斤不等，目前可见五种规格。千余坛酒与溶洞环境完美融合，再配上郎酒集团精心设计的灯光，石笋、石乳、酒坛、水景在光影中交织，将仁和洞的神秘、开阔、幽深表现得淋漓尽致。酒列阵洞中，仿佛每一坛都站在聚光灯下。

四、好粮酿好酒：天府粮仓飘酒香

“天府之国”是丰饶又安宁的四川盆地的千古美名；“天府粮

通过乡村振兴示范片区建设，打造高标准农田（图为宜宾长江之畔长江村） 庄歌尔摄

仓”在中国的历史舞台上发挥着重要作用。四川盆地地处西南内陆，拥有良好的自然条件和温暖湿润的气候，为好粮的生产提供了天然培养基。冬季温和少冻害，夏季湿热利生长。对于一些不利气候的影响，勤劳踏实的蜀地农民也想到了多种方法进行积极干预，保证粮食生产的优质、稳定。

四川与云南、贵州、西藏、陕西、甘肃、青海、重庆相连，恰好坐落于青藏高原与长江中下游平原的交会之地，地势西高东低，地形复杂多变。作为中国四大盆地之一，四川盆地是著名的红层盆地，地表岩石主要为紫红色砂岩和页岩，这两种岩石极易风化发育成紫色土。四川盆地内分布着约14万平方千米的紫色土，这样一种独特的土壤资源孕育出了一方厚重的农业根基，造就了众多独有物产。

位于四川成都新津区的宝墩古城遗址，揭开了农耕文明时代川粮种植的序幕。在这里，科研人员发现了4500年前的碳化水稻、黍、粟及其他植物遗存，确认了宝墩时期先民的农业经济结构以稻谷为主，兼种粟和黍，同时采集野豌豆、薏苡等植物作为补充。战国时代，岷江流域非涝即旱，秦国蜀郡守李冰呕心沥血、持之以恒，历时10余年建成世界上年代最久且至今仍在发挥作用的水利工程——都江堰水利工程。这一伟大的工程彻底解决了岷江泛滥成灾的难题，成都平原也一跃成为“沃野千里”的富庶之地。抗日战争时期，四川作为大后方，川粮供应不绝。据记载，四川贡献于抗战的粮食占全国征粮总额的三分之一。改革开放以后，四川粮食生产在产量增长、保障政策等方面取得了显著成效，川粮始终处于全国农业发展的前线。

“蜀为西南一都会，国家之宝库，天下珍货聚出其中。又人富粟多，顺江而下，可以兼济中国。”1000多年前，唐朝诗人陈子昂曾为蜀地物产丰饶扬名。1000多年后，四川正加快打造新时代更高水平的“天府粮仓”，不仅续写着“猪粮安天下”的新篇章，担负起国家重要初级产品供给战略基地的重任，同时也为名扬千古的川酒产业奠定更稳定的根基。五谷丰登造就的川酒，等待着被更多人品味、珍藏。

2022年6月，习近平总书记来川考察时强调，成都平原自古有“天府之国”的美称，要严守耕地红线，保护好这片产粮宝地，把粮食生产抓紧抓牢，在新时代打造更高水平的“天府粮仓”。2023年一开年，四川省委、省政府就印发了《建设新时代更高水平“天府粮仓”行动方案》，勾勒出四川在新时代打造更高水平的“天府粮仓”乃至实现农业农村现代化的“路线图”，在谋划十大重点任务时，将守牢建好天府良田摆在首要位置。作为全国13个粮食主产省之一和西部唯一的粮食主产省，2023年四川粮食总产量达718.8亿斤，继2021年后再创历史新高，“天府粮仓”为端牢“中国饭碗”提供了坚实保障。

白酒产业规模再突破，离不开酿酒原粮生产规模和品质的支撑。四川紫色土具中性或中性偏碱，质地适中，有较好的透水、通气性，含有丰富的钙、磷、钾等营养元素，是中国最肥沃的自然土壤之一。而四川宜宾、泸州等地具弱酸性的黄黏土，则富含铁、磷等多种矿物质，是酿酒微生物生存的沃土。拥有特殊禀赋的土壤，注定被赋予更多与酿酒有关的使命，伴随川酒的生、长、酿、藏之生命足迹。

种植于四川紫色土上的优质精高粱，属糯高粱种，色泽红亮、颗粒

宜宾五粮液酿酒专用粮基地

饱满、无杂质、质地纯正，所含淀粉大多为支链淀粉，单宁含量适中，吸水性强，易于糊化，出酒率和酒质远高于北方的粳高粱。产自川南一带的软质小麦，麦粒完整，富含碳水化合物及蛋白质，是微生物生长繁殖所需碳、氮元素的主要来源，是酿制白酒的绝佳原料。

好粮酿好酒，酒粮种植近年来已经进入专业化阶段。每年7月底8月初，在宜宾、泸州以及川东北等川酒主要产区内，盘点土地里的收获是最重要的酒业科目。这个时候，酒厂进入高温假期，市场面临传统淡季，酿酒高粱却迎来收获季节。作为白酒酿造最主要的原粮，高粱的品质、产量和收成对于粮农、酒企甚至当地政府来说都是一件大事。

作为四川省农业大市、产粮大市，宜宾已进入传统农业向现代农业加快转变的关键时期。宜宾牢牢守住“确保粮食安全、防止规模性返贫和加强耕地保护”三条底线，建立市县乡村四级田长制责任体系，制定推进撂荒耕地“四个一批”（农户自我复耕一批、新型经营主体一批、集体收回分类处置一批、代耕代种复耕一批）整治措施。2023年，宜宾恢复补充流出耕地近10万亩，并坚持运用高标准农田“整市代建”机制，全面完成2022年28.5万亩高标准农田建设任务，加快推进2023年27.2万亩高标准农田新（改）建项目。同时，严格落实粮食安全党政同责，出台《建设新时代更高水平“天府粮仓”宜宾示范区实施方案》，安排抗旱保耕专项资金，对20～30亩种粮大户实施补贴，创新县乡村三级农业国有（集体）公司种粮兜底机制。2023年，宜宾全市粮食播种面积达648.3万亩。立秋前后，宜宾市翠屏区、南溪区、江安县、兴文县等地，连片的水稻、高粱等农作物果实圆润饱满，压满穗秆。每年的这个时候，五粮液有机农业发展有限公司的团队成员都会与种植户一同奔走在酿酒专用粮基地的田间地头，全力以赴做好大规模的酿酒原粮收储工作。宜宾独特的气候、土壤、水源“三位一体”的自然条件，造就了宜宾不可复制的生态环境和世界级最优生态酿造环境，这里出产的水稻、玉米、高粱，极其适合酿酒。为高质量推进原粮供应链建设，近年来，五粮液携手宜宾市各区县政府，推进建设了超50万亩本地化、定制化酿酒专用粮基地。为保证酿酒原粮品质，五粮液依托其牵头组建的国内首家省级酿酒专用粮工程技术研究中心，携手业内顶级团队全力开发最适合酿造的专用粮品种。同时，积极在专用粮基地推行高标准种植技术，采取测土配方施肥、病虫害绿色综合防控技术、有机肥替代化肥等技术种植，实现品种布局、育苗管理、配方施肥、移栽管理、病虫防治“五统一”和良种、良法、良制、良壤、良机的“五良配套”标准化模式生产。标准化的原粮基地，也使得酿酒原粮价值最大化、多元化。“十四五”期间，五粮液还将对酿酒专用粮基地升级建设至200万亩，并通过构建政府、企业、农户“优势互补、分工合作”的互利共赢机制，让农户增收、企业增效、消费者放心。

好酒是酿出来的，也是“种”出来的。泸州盛产川南糯红高粱，得益于当地盛夏炎热、云雾多、空气湿度大的气候条件和适宜的土壤，生长在这里的糯红高粱颗粒更饱满，皮薄且红润。泸州老窖便是精选川南糯红高粱，再从中甄选皮薄红润、直径2毫米以上、完整且饱满的原粮酿造而成的，酒香馥郁，酒质优异，入口甘洌醇和。要保证酒的品质，首先要保证高粱的品质。高品质高粱种植基地是高质量白酒产业的“第一车间”，泸州高粱是酿造泸州美酒不可替代的原料，建设世界级优质白酒产业集群需要大量优质高粱的支撑，泸州高粱产业也在不断量质提升。为了保证高粱品质，从2001年开始，泸州老窖就开始建设绿色高粱种植基地，2006年逐渐推动绿色高粱基地向有机高粱基地升级，推进各基地从种子、种植到收储全程管理，建立完备的质量管理体系，从“耕、种、管、收、存”等方面全过程把控原料质量。泸州市白酒企业与农户在产销上实行“订单生产、合同收购”，通过构建“酿酒企业＋专业合作社＋高粱基地＋农户”的产业化经营模式，扩大了高粱订单生产面积。泸州市出台的《泸州市高粱产业高质量发展规划（2023—2030年）（征求意见稿）》中明确提出，计划到2030年，泸州建成100万亩高粱基地，构建全方位高粱种植科技支撑服务体系和高粱稳产增产长效机制，建成全省最大的酿酒业原料基地。该规划涉及泸州市7个区县，为共建世界级的优质白酒酿酒原粮基地打下了良好的基础。2024年，泸州市已建成有机高粱基地16.2万亩，是四川省最大的有机高粱产区。百和镇有机高粱基地认证成功后，将扩大到泸县太伏、云锦、兆雅等镇，通过泸县东翼的有机高粱基地建设，把现有的基地串联成泸州城区北面的有机高粱产业带或产业园区，预计规模达到20万亩。

在川东北产区，射洪成立酒粮产业发展中心，不断推动酿酒专用粮示范基地建设，目前酿酒专用粮总面积达到13.8万亩。2023年8月，射洪市酒粮产业发展中心和舍得酒业共同发布《舍得生态酿酒专用粮订单生产管理流程》，以确保酒粮基地规范化、流程化运作。据射洪市酒粮产业发展中心主任介绍，目前已成功招引天府粮仓集团、绵阳丑小鸭、合江富益等专业种植企业，培育带动种植企业（大户）26户，构建“舍得酒业下订单、酒粮中心统筹、镇村组织、种植企业（大户）生产、合作社服务”订单合作机制，力争到2025年建成专用粮基地20万亩。

近年来，成都市将粮食安全作为重中之重，大力推进“天府良田”提质攻坚。根据《打造更高水平“天府粮仓”成都片区的实施方案》以及《成都市高标准农田建设规划（2021—2030年）》，成都聚焦逐步把永久基本农田全部建成高标准农田这一目标，储备新建和改造提升高标准农田面积超过180万亩。2023年成都市级财政共投入4.52亿元，2024年内还将新建、改造提升高标准农田40万亩以上。2024年7月，成都市出台了《成都市2024年万亩“吨粮田”高产高效示范区建设项目实施指导意见》，由市级财政补贴资金900万元，在未来一年内推进建设30万亩“吨粮田”高产高效示范区，促进“五良”融合，推动实现全市2024年主要粮食作物单产水平较上年提高3公斤/亩以上。天府现代种业园已培育出“川贵红”系列高粱品种、“川久糯红”糯高粱系列、“荃麦725”及“川久麦”系列小麦品种、“川久香糯”糯稻品种、“旌康优72”及“川久稻10号”水稻品种、“庐玉9105”玉米品种等。其中，“川久香糯”酿酒专用稻品种，现在是五粮液的专用糯稻品种。“川久香糯”的成功选育，填补了四川白酒酿造专用糯稻品种的空白。地处四川天府粮仓核心示范区的崇州市，正全力将广袤的田野打造成为川酒酿造的“第一车间”。除了提高粮食品质，崇州还着力打造天府酒村，将“酒庄、酒村”文化融入其中，推动当地发展酒旅融合的“天府酒村游”，让消费者从田间走进酒厂，体验崇酒独特的酿酒环境和传承技艺，呈现出“天府好田、天府好粮、天府乡居、天府乡游”的美丽画卷。

邛崃市巴克斯威士忌产业园区

第四章

川酒商脉通达

四川作为中国白酒古往今来的重要产区，酿酒及酒类的交换流通历来是重要的生产活动，同时也是重要的财政税赋来源。从秦汉时期的榷酤雏形、唐宋时期的酒政酒税、元明清的川酒独秀于天下、新中国成立前的作坊式和初级工业化，到新中国成立后各个阶段的不断发展，川酒实现了从起源到规范、从萌芽到升级的商业历程。川酒产业商脉通达，底蕴深厚，通贯古今。

在上千年的漫长商业历程中，川酒产业坚持在传承中创新、在创新中发展，推动酒这一传统产品、酿酒这一古老工艺传承延续，创新发展，将传统产品、传统产业培育为特色优势产业。特别是改革开放以来，川酒产

川酒成都产区一景（图为邛崃四川金六福酒业有限公司）

业通过产品创新、品牌创新、模式创新等不断提升川酒产品品质和服务水平，让更多的人了解和喜爱川酒，将川酒的独特魅力带到世界各地。

川酒商脉是川酒在生产领域的深厚底蕴、在商业领域的广阔脉络，进而在社会领域百姓生活的集中体现，它承载着川酒的历史与文化，展现着川酒企业的智慧与创新精神。今天，川酒产业朝着“世界级优质白酒产业集群”的高质量发展目标奋进。我们期待着川酒商脉在未来的发展中绽放出更加璀璨的光芒，书写中华酒文化传承与发展的崭新篇章。

一、川酒产业的商旅历程

当酒与盐铁同列，逐渐成为财政税赋的主要来源时，蜀地酿酒生生不息的商业历史便开始了，而其背后是中国历代“酒政”的变迁和推动。

数千年来，四川因为有酒的生产优势，围绕“酒”的酿造、售卖、饮用形成了一个重要的行业。相应实施的“酒政”也经历了无数次的宽严之变，其中包括禁酒、榷酒、税酒等多种形式，促进了川酒的跳跃式发展，从某种意义上可以看作川酒商业化的源头。

汉武帝天汉三年（前98年）实施的“榷酒酤”，是目前发现的我国历史上首个酒类专卖制度——官府控制酒的产销，独占酒利，不许私人自由酿酤。汉昭帝始元六年（前81年）取消“榷酒酤”，改征酒税，即准许民间酿酒，但对酒的质量提出了一定要求，还规定每升酒需向官府缴纳四钱的税赋。这一政策的调整标志着官府对酒业垄断的放松，巴蜀酿酒业迎来了产业萌芽发展的机会，在客观上推动了酿酒技术的提升，产品质量得到保证，也为社会经济的繁荣作出了贡献。这种转变实际上是从酒类专卖的模式转向了通过征税来管理酒的生产和销售，这一税收制度在中国历代政策中都有所体现。

唐朝时期，川酒的发展进入了繁荣阶段。从唐初名义酒禁实际放任，到中期的官酤、榷酒制，再到唐末的酒税制，酒文化在唐朝的兴盛，与唐朝政府一系列丰富完善的酒业制度息息相关。唐初对酒实行免税和允许自由经营的开放政策，为川酒的发展奠定了基础。唐代中晚期，经济文化和政治形势有所改变，税酒和榷酒两税法推行后，酒户得

剑南烧春作为宫廷御酒而载于《旧唐书·德宗本纪》

以专心酿酒，促进了酿酒技术的不断提高和酒文化的繁荣发展。再加上四川官府鼓励酿酒技术的创新和改进，提高了川酒的品质和产量。这些酒品不仅满足了当地人的需求，还通过商贾贸易，远销至全国各地，并通过丝绸之路传播至西域、中亚等地，实现了与沿线国家的酒类贸易和文化交流，并带来了可观的收入。

宋代对酒的生产和销售管理十分严格，经历了从宋初的榷曲（禁止民间制曲）到全面榷酒的制度变革。宋景德四年（1007年），真宗诏曰："榷酤之法……宜令计司立为永式。"宋代，酒是专卖品，官府设置酒务，管理酒的酿造、销售和课税收入。酒的酿造，分官酿和民酿两种。官酿即为官府自酿自卖；民酿则由官府规定课税，征收酒税，允许买扑承包的酒户有开坊置铺、酿酒卖酒的专利权。除京城外，其他城市实行官府统一酿酒、统一发卖的榷酒政策，由国家控制酒的生产和流通领域，禁止一切非官府允许的酿酤行为，类似现在的国家专卖政策。全国各地设立酒务，相当于国营酒厂，不仅专管酿酒、卖酒，还负责兼收各辖区的酒税。

宋元之际，马端临撰写的《文献通考》卷十七中，记载了北宋时期熙宁十年（1077年）前各地酒务数的统计情况。四川当时有酒务376个，在全国1839个酒务总数中，占了20%。南宋高宗建炎三年（1129年），赵开出任川陕宣抚处置使司随军转运使。为筹集军费，他大变酒法，开始实行"隔酿法"，就是停止官府卖酒，官府只提供场所、酿具、酒曲，酒户自备酿酒原料，并向官府缴纳一定费用。酿酒数量不限，销售自负。这道酒政的颁布，让四川的酒业迎来了更迅猛的发展。

隔酿法起先在成都实行，不过两年，就遍行川峡四路。据史料记载，南宋时期酒税不仅是四川财政的主要来源，在全国的酒税中，四川酒税收入也居于首位。宋高宗末年，全国酒课岁入1400万缗，四川酒课为410万至690万余缗，占全国酒课收入的29%～49%。据陆心源《酒课考》注，南宋时“四川一省，岁收至六百余万贯，故能以江南半壁支持强敌”，足见四川酒业的发达。

元代的许多制度承袭金代和宋代，酒税就是其中之一。元代政令多变，酒禁时宽时严，尤其是元代前期对民间的禁酒令非常严苛。元初实行专卖，后改为征税，但征税是通过专卖进行的。元代对酒实行的专卖制度，其榷酤之重甚于前朝。元初的酒醋税是“验实息十取一”，即按实际销售所得利润十取其一，这种方式既可以用于征收民间专卖又可以用于国营酒坊。元朝统一全国之后，改为“课额验民户多寡定之”，即酒醋税改为按照各地人口多少来分配课税金额，强制征收指定数额。但四川因“多岚瘴”而得到了“弛禁酒”的优惠政策。于是，四川酒业能在宋末元初的连年征战后，因未实行酒禁而得到迅速恢复发展。当时四川仍以持有和创造名酒著称，如古已有之的名酒郫筒酒、鹅黄酒等，虽经战乱仍未失传。同时期，四川酿酒业引入了蒸馏酒技术，实现了白酒酿造工艺的转型升级，工艺更先进、制备更复杂、口感更浓郁的高度川酒诞生之后，进一步推动了酿酒业的发展。

自明清以来，四川酿酒业少受政府禁酒政策的影响，酒业在酿造、商贸等多个领域发展迅速。

明朝的酒政制度采取从源头进行适当限制，同时废除前朝榷酤专卖制度，将酒税并入商业税，实行低税赋等措施，推动了明朝酒业和酒文化的极大发展。明洪武二十七年（1394年），准民自设酒肆；明正统七年（1442年），改前代酒课为地方税，以后又采取方便酒商贸易、减轻酒税的措施，加快酒类的交流。而且，明代售酒既通过直销，也通过酒肆、酒楼等场所进行销售，还通过商贩进行长途贩运。明朝的酒税税赋相当低，《明史·食货志五》记载："太祖初，征酒醋之税，收官店钱。即吴王位，减收官店钱，改在京官店为宣课司，府县官店为通课司。凡商税，三十而取一，过者以违令论。"意思是明太祖初期，酒税并入商税，税率为三十分之一。而酒税税额总收入在《明史·食货志》中竟然没有收录。正是在这样空前宽松的税政环境下，中国酒的品种和产量都大大超过前代，四川酿酒产业也取得了空前的发展，川酒与山西的烧酒、江浙的黄酒均是当时颇负盛名的酒品类。四川名酒五粮液的活态酿酒古窖池群就可以追溯到1368年，即明朝洪武元年。

清代中期，四川酒业商贸迎来了新的发展高峰。四川有名的白酒大多可追溯至此阶段，这些白酒的前身多是陕西、山西商人入川做生意时开办的酒坊所酿。山、陕商人的资本支持和技术投入，不仅提高了川酒的品质，还扩大了四川的酿酒规模并拓宽了销售市场。据可考资料，清光绪五年（1879年），泸州年产酒量即达10吨，辛亥革命前夕达240吨以上。

民国时期，川酒经历了几个发展阶段：1919年前后，全川六大江域、36个酿酒大县形成了四川酒业的初步发展格局；至1938年，四川已奠定全国酒业大省的地位，年产酒量接近8万吨；1944年，年产酒量达到15万吨，为民国时期的最高峰。一批名酒在这一时期也得以诞生和成长，并且更加注重质量和品牌。随着交通的改善及酒业的发展，专业的酒类销售商应运而生，酒类流通市场随之出现。酒业经纪、酒的期货等一些现代商业现象也随之产生。酒业有了最初的促销活动，一些名酒厂家开始了广告宣传、产品参展、竞争奖牌等活动。

中华人民共和国成立后，四川各级人民政府十分重视白酒业的生产恢复工作，大力扶持私人作坊，酒生产迅速恢复和发展。此后，各地相继办起一批地方国营酒厂，并从20世纪50年代初开始在全国实施“产销合一”的酒类专卖，到1957年全省白酒产量达到14余万吨。

1960年以后，白酒供不应求，曾一度实行平价与高价并存，调节供求。1967年后，取消高价酒，全面实施凭票供应。直至20世纪70年代后期，轻工业、商业、供销等几个主要酒类主管部门贯彻国家“优先发展名优白酒”“挖潜改造”等方针，分别按各部门计划，从1976年起，由国家投资陆续改造了五粮液、泸州老窖、全兴、剑南春、郎酒、沱牌、文君等骨干企业，共扩建厂区面积6万多平方米，增加名曲酒生产能力8000多吨。在新建和重点企业改造扩建的同时，其他酒类生产企业也按各自主管部门的计划安排，逐步调整、改造。四川省政府共拨款上亿元，分别为泸州曲酒厂、五粮液酒厂、全兴酒厂、剑南春酒厂、郎酒酒厂等骨干白酒企业增加投资，支持企业扩大生产，全省名曲酒厂共增加生产能力8000余吨/年。各地政府也相应采取行动，扩建本地区的曲酒厂，以大曲酒为主题的四川白酒生产形成较好的基础，获得了较快、较大的发展。“四川酒、云南烟，轻纺产品上京天。”在计划经济时期，川酒凭借领先的产业基础和优良的酿酒技艺，成为四川产业发展的“省之大计”和优势产业。

1978年，党的十一届三中全会以后，随着改革开放的逐步深入，四川白酒发展进入新的高潮。到1985年，全省白酒厂由1978年的200多个猛增至13502个，年产量由1978年的21.06万吨发展到101.80万吨，增长约4倍；1994年，四川白酒总产量达到144万吨，创历史最高水平。1989年到2019年是中国白酒产业风起云涌的30年，川酒产业由此开始进入一个企业竞相发展、好产品齐头并进的发展新阶段。虽然行业层面出现了三四次深度调整，但是川酒产业总是能在每一次的调整中率先发现机会，逐步壮大，终于迎来了如今“金花银花交辉，川酒饮誉华夏”的局面。

20世纪60年代以前，川酒基本上以散销为主，瓶装小包装较少。随着酒类销售制度、方式和消费习惯的变化，川酒包装也发生变化，除散装出售的地产地销产品和以生产企业为消费对象的出川散酒以外，到20世纪80年代，四川名优品牌白酒基本上实现瓶装化。同时，包装由简装到精装、礼品装等，逐步精美化、艺术化，有的甚至成为艺术品，增强了川酒的珍藏性，迅速提高了其价值。随着市场需求的进一步提升，川酒企业逐步开发使用防伪条码、防盗盖、贴标防伪、酒盒防伪、激光雕刻、综合防伪等一系列先进防伪技术，有效保护品牌声誉和消费者权益。为适应不同层次的市场需求，川酒企业纷纷开发新产品、新品种，推出新品牌，有的企业的新产品达三四十种之多。特别是川酒的驰名品牌，已逐步成为体现历史、文化、科技、品质、人才、资产等物质财富与精神财富的统一体，成为企业宝贵的无形资产，从总体上看，也丰富了川酒企业的文化内涵和商业传奇。

二、现代白酒企业的多元化创新

俗话说“酒好不怕巷子深”，但是随着市场扩大、竞争加剧，“酒好也怕巷子深”成为更真实的商业写照。拥有优良品质和历史优势的川酒，从100余年前参加巴拿马万国博览会时起就开始了闯市场、闯世界的历史，将诞生自天府之国的佳酿流布四方，这可谓最早的企业及产品国际化商业创新。到了全球化的今天，川酒企业及产品更是在持续创新、多元创新的激烈市场竞争中立于不败之地，通江达海。

纵观中华人民共和国成立以来，特别是改革开放以来，四川白酒产业的市场化发展历程，可以看到赓续传统、不断创新是其不变的底色。在数十年的发展过程中，白酒产业跟随社会经济的大局经历了几轮周期变革，在每一轮变革中川酒产业都能奋勇向前，通过产品创新、品牌创新、模式创新等，在一轮又一轮的变革中独立潮头，延续商业成就和传奇。

产品创新

白酒作为一种兼顾传统与潮流的特殊文化商品，其本身必然承载着时代价值、时代审美以及每个时代的消费潮流创新，而这些创新也体现在产品创新上。

“川酒甲天下”的商业成就是数十年来不断砥砺奋进的结果，从“浓香天下”的辉煌，到“浓酱双优”的崛起，再到“三香各秀”的新篇章，四川白酒产业经历了波澜壮阔的发展历程，不断书写着属于自己的传奇。

四川是浓香型白酒的诞生地，自1979年白酒划分香型以来，浓香型白酒以其酒香浓郁、绵甜爽净的特点，在中国白酒市场中占据了重要的地位。

在过去的几十年里，浓香型白酒一直是四川白酒产业的主导品类。五粮液和泸州老窖作为浓香型白酒的领军企业，其市场地位尤为突出。除上述两家外，川酒“六朵金花”企业中还有三家以浓香型白酒作为主要产品，同样在川酒引领浓香型白酒发展中起到了关键作用。

中华人民共和国成立后的第一本酿酒专业教科书就是以泸州老窖的酿造技艺为主要内容的。自20世纪60年代起，泸州老窖、五粮液等酒企都通过交流培训等，为中国白酒产业培养了大量的酿酒专业人才。20世纪60至80年代，受商务部、轻工部、农牧渔业部等部门的委托，泸州曲酒厂派出技术人员，先后在全国各地举办了27期酿酒工艺和成品酒勾调尝评训练班，为20多个省市培养了近千名酿酒技工和勾调尝评人员。这些酒企将浓香型白酒的酿造技术推广至全国，促进了浓香型白酒在全国的发展和普及。顶峰时期的全国白酒市场中，浓香型白酒的份额占据了70%以上，这种“浓香天下”的态势，展现了川酒浓香型白酒在全国市场的深远影响力，一度被形象地称为“全国山河一片浓”。从市场规模来看，浓香型白酒在市场中依然是消费者选择的“大多数”。2010年以后，消费者对白酒口味的选择日益多样化，酱香型白酒成为火爆的香型品类。相应地，川酒紧跟市场变化，大力扩展“浓酱双优”优势。中国酒业协会数据显示，2021年，中国酱酒产能约65万千升，其中贵州产区的产能约在35万千升以上，四川产区的产能约在25万千升以上，其他酱酒产区［湖南、山东、广西等省（自治区）］合计产能在5万千升左右。由此可见，四川作为仅次于贵州的优质酱酒产区，产能遥遥领先其他几个产区，并且还有巨大的提升空间。

从区域上看，泸州、宜宾、遂宁、大邑、邛崃等地均分布有酱酒企业。作为浓香产区和酱香产区相交融的区域，泸州无疑是川酒“浓酱双优”的前沿阵地。与遵义共享“美酒河”的泸州还特别规划了“赤水河谷酱香型白酒产业带”，目标是将这里打造成“世界闻名的酱酒酒谷”，进一步挖掘酱酒的巨大潜力。

赤水河左岸的古蔺县可谓川酒产业的“酱酒之眼”，与茅台镇同处赤水河49千米核心酿酒区，两岸酱酒同出一源，共享世界上最适合酿造酱酒的生态环境和酿酒条件。与此同时，当地依托二郎镇、太平镇、茅溪镇等形成了以川派酱酒“三强”郎酒、川酒集团、潭酒为主体的酱酒产业集约发展区域，拥有100家以上各类酱酒企业。

与酱香型白酒的高歌猛进不同，另外一种主要香型白酒——清香型白酒的市场发展较为低调。2020年前后，以汾酒为龙头的清香品类开始被越来越多的消费者接受，而作为中国白酒大本营的四川，同样感受到了这一风潮来袭，清香品类的产业发展明显提速。

剑南春集团公司万吨陶坛酒库　王平摄

传统的清香分为大曲、小曲两种，或者说北派、南派。北派大曲以汾酒为代表，南派小曲以川酒为代表。“川法清香”一直是四川白酒产业的重要组成部分，曾在市场上占据主导地位。尽管随着市场的变化，其份额有所下降，但凭借着独特的风味和酿造工艺，川法清香型白酒在白酒市场中始终占有一席之地。

郎酒生产车间

“川法清香”的发展历程可以追溯到20世纪40年代。1957年，国家食品工业部制酒工业管理局组织的川法小曲酒先进性经验试点，以及1964年全国酿酒会议对四川糯高粱小曲白酒操作规程的修订，都是川法清香型白酒发展的重要里程碑。

作为四川白酒的“隐形宝藏”，“川法清香”产品正在逐步展现其品类优势。宜宾李庄酒业和安宁烧酒等企业，凭借其传统的小曲清香工艺和产品，已经在市场中有了一定的知名度。同时，峨眉山龙池酒业等新兴企业，也在通过推出多款清香产品尝试扩大市场份额。四川凸酒酒业的无糠壳固态发酵技术和泸州醉清风酒业的智能化酿造技术，则展现了四川白酒产业在清香型品类上的强劲发展势头。

预计未来5年，清香型酒将在白酒市场中占据更大的份额。在高端和次高端消费中，清香型酒有望占据30%左右的市场份额；在中高端消费市场，清香型酒将占领20%左右的市场份额；在低档消费市场，清香型酒仍将占据35%左右的市场份额。四川白酒产业正努力实现“三香皆优”的产业发展格局，川派清香型白酒有望在未来市场中乘风而起，成为行业的新亮点。

川酒甲天下，川酒也调天下。前半句说的是川酒集产能、品质、品牌等多项优势所形成的整体领先地位；后半句则针对“原酒”这个不为人知的领域，突出川酒在另一商业版图中的强大。

原酒，是指经过发酵、蒸馏后未经勾兑、陈酿的白酒。原酒企业，是指以生产、销售原酒为主业的企业。原酒业务在中国白酒市场中占有重要的地位，是白酒产业链的上游环节，为下游的品牌商、经销商提供原料和产品。

目前看来，四川原酒产业的发展一共经历了两个阶段。第一个阶段是20世纪80年代后期到90年代中后期，消费市场快速发展，大企业产能供应跟不上，纷纷采用与周边酒厂外购联营的方式来快速提升产能，省内各地的名酒企业带动了当地以及全川原酒产业的发展，这也是四川原酒产业的第一波红利期。后来，随着川内名酒企业产能逐步扩大，本地原酒需求越来越少，四川原酒产业发展的第一波浪潮渐渐退去。第二个阶段是20世纪90年代中后期，消费者对白酒品质的认知得到强化，白酒的品质成为重中之重，外购基酒便成了外省酒企共同的选择。而在当时，稳定可靠的固态原酒优质产能主要在四川，于是，四川原酒企业迎来了第二波红利期，并一直持续到2011年。

经过30年左右的发展，四川原酒产业在产能、规模、酿造、库存等方面积淀了综合优势，形成了以泸州、宜宾、邛崃为主的原酒产业集群，涌现出诸如高洲、巴蜀液、渔樵、桂康等原酒企业。

从2012年开始，受行业深度调整的影响，四川原酒产业也进入调整期，并不断寻找新的发展模式，川酒集团、顺牛酒业、四川凸酒酒业、安宁烧酒等分别成为不同发展模式的原酒企业代表。

2022年6月1日，白酒“新国标”（《白酒工业术语》《饮料酒术语和分类》）正式实施，老窖池成为原酒业务最核心的竞争力。在2023年四川中国白酒金三角协会公布的首批四川浓香型白酒名优老窖池认定名单中，共计146家企业通过了老窖池认定。这些企业历史悠久，传承有序，形成了以“老窖池”为核心的市场竞争力，擦亮了以品质为基础的四川原酒招牌。品类丰富、香型多样的川酒，凭借高品质拥有了原酒市场的话语权。

2017年6月22日，川酒集团的成立，是四川原酒企业发展历程中的里程碑事件。作为由四川省委、省政府重点打造的白酒产业龙头企业，川酒集团依托四川得天独厚的酿酒环境和资源，致力于白酒的研发、生产与销售，打造出一系列优质原酒和国优品牌。2023年，川酒

川酒集团自贸区总部基地 杨尚威摄

川酒集团酒库一角

集团实现营收350.2亿元，利润总额6.09亿元，连续三年登榜“四川企业100强”。

川酒集团一直强调走出一条与名酒企业具有差异化的发展道路，其根本途径便是整合中小企业，合力出击，做大做强原酒产业。这也是近两年来，川酒集团组织建立并加快发展原酒产业发展联盟的根本原因。

如今，川酒集团已整合酒企260余家，拥有5万余口窖池，年产能约60万吨，储能达100万吨。“中国原酒，应有尽有”，在第110届成都春季全国糖酒会上，川酒集团打出了这样的口号，充分展示了多年发展所积累下来的底气。

进入21世纪，白酒行业逐渐意识到白酒消费习惯、消费观念、消费群体的转变，喝酒时代即将过去，品酒时代已经到来。在“年轻化”这条事关长远的赛道上，川酒产业展示了高度的敏感力和超强的执行力。

2016年，中国国际酒业博览会上首次出现了较大规模的中式鸡尾酒主题活动。这一年被不少业内人士认为是中国白酒鸡尾酒诞生之年，此后几年，白酒与鸡尾酒的联动迎来迅速爆发。2017年，“五粮液杯”2017中国白酒新生代酒品超级调酒大赛总决赛在宜宾举行。

2017年9月，四川省政府在《关于推进白酒产业供给侧结构性改革加快转型升级的指导意见》中强调，加快“制定实施产品创新提升计划，引领白酒文化创新，寻求推动白酒产业适应市场变化”，促进白酒时尚化、个性化、健康化，探索中国白酒走向世界更加有效的办法和新途径。

无论是泸州老窖参与的鸡尾酒大赛，还是五粮液承办的超级调酒大赛，龙头企业均率先将中国传统白酒与时尚鸡尾酒融合，并通过系统化、专业化的调酒大赛不断扩大影响力。这些活动被业内视为中国白酒在年轻化、国际化市场不断探索的典型案例。川酒再一次走在引领行业创新探索的前列。

中国酒业协会理事长表示，中国白酒是中国人引以为豪的智慧酿造、艺术酿造、天酿美酒。在世界范围内，中国白酒鸡尾酒的表达方式才刚刚起步，这是中国白酒走向世界烈酒舞台，彰显中国白酒文化自信和品质自信的一个非常重要的开篇。

从2016年到2024年，“中国白酒＋鸡尾酒”的联动从最初的被质疑到逐渐被行业接受、被市场认可，白酒鸡尾酒也逐渐成为时尚和年轻的代名词。第110届全国糖酒会期间，在展城融合系列活动的“重头戏”——“糖酒会天下·潮饮生活季”中，五粮液便带着特调的五粮液

岁月的酿造沉醉时光的屋檐

鸡尾酒再次拉近了与年轻人的距离。

品牌创新

川酒品牌创新的第一步，由“六朵金花”奠定根基。什么是好酒？这一问题的答案因人而异。什么是名酒？“名酒”之称不仅是一项光辉的荣誉，更是一份沉甸甸的责任。

在中国白酒的发展历史上，新中国成立后由政府部门主导，先后在1952年、1963年、1979年、1984年、1989年举行了五届全国性的评酒会，是中国白酒行业最具影响力的“品牌创新”举措，在白酒行业中具有重大影响，川酒产业也由此奠定了其后数十年的商业版图基础。每一届评酒会都会评出“中国名酒”，这一奖项是酒业发展的“晴雨表”，也是白酒企业最具含金量的荣誉，能为获奖的企业带来巨大的声誉和市场影响力。

1952年，由国家专卖局主持，首次在北京举行了酒类质量评比，评出中国八大名酒，其中白酒4个，泸州老窖大曲居其一。在1963年、1979年、1984年和1989年分别举办的第二、三、四、五届国家评酒会中，五粮液、全兴、剑南春、郎酒、沱牌曲酒先后被评为国家名酒，加上一直保持这一称号的泸州老

盛况空前的第五届全国评酒会最终评选出金质奖17个，银质奖53个。十七大国家名酒分别为：茅台酒、汾酒、五粮液、洋河大曲、剑南春、古井贡酒、董酒、西凤酒、泸州老窖特曲、全兴大曲、双沟大曲、特制黄鹤楼酒、郎酒、武陵酒、宝丰酒、宋河粮液、沱牌曲酒。

窖大曲，到1989年，四川已拥有六大国家名酒，占全国17个国家名酒的35.3%。这六大川籍国家名酒被誉为“六朵金花”，这一称号延续至今，而且声誉越来越高。

五届全国评酒会的举办，为川酒“六朵金花”的崛起提供了重要的契机和平台。通过评酒会，这些品牌得以展示自身的实力和特色，赢得

经典五粮液（左）和第八代五粮液（右）

了更多的市场机会和消费者的认可。

川酒凭借其深厚的实力和底蕴在“中国名酒”中独占六席，奠定了其在中国白酒中不可撼动的“江湖地位”，推动四川白酒在后续数十年取得巨大的商业成就。同时，评酒会上的评选标准和品鉴方法也为川酒企业提供了重要的参考和借鉴，推动了川酒行业的整体提升和发展。

川酒品牌创新的第二步，是全面打造高端品牌，实现整体升级。四川白酒今天整体昂扬向上的姿态，一个重要的爆发点要回溯到20多年前。2000年前后，第七代五粮液、“国窖1573”、青花郎、水井坊、舍得、“剑南春·东方红”等名酒品牌先后诞生，一同开启了中国白酒的高端化时代，占据了中国白酒“半壁江山”，并奠定了其后20多年的市场影响力。这一段历史，成为川酒商业发展脉络中可圈可点的精彩篇章。

20世纪90年代，五粮液已完成了全国化的布局。不过它当时采用的是“OEM授权贴牌模式”，即公司仅对产品进行生产加工，而品牌所有权归商家所有。这样的渠道创新，让旗下产品得以快速铺市，进一步提升了浓香型白酒的市场影响力，其“多粮浓香”的产品特色也由此深入人心。但在随后的市场中，由于市场控制要求的提升，以及2001年国家白酒从量征税规定的推出，中低端OEM模式受到明显的影响。五粮液研判市场之后，选择了“向高处行”的发展战略。2003年，五粮液启动“1＋9＋8”的品牌管理模式，大力瘦身，从“少即是多”的精品策略出发，以“普五”为核心开发了9个全国性品牌和8个区域性品牌，逐

五粮液酒家

步构建金字塔式的品牌矩阵，成功巩固了五粮液的高端地位，并对原来的品牌战略进行了升级。2003年，五粮液隆重推出换代大单品，即第七代五粮液，并强势提出“中国的　世界的　五粮液”品牌主张。因为在业界首次大规模采用PET（聚对苯二甲酸乙二醇酯）透明盒包装，第七代五粮液也被人们称为——水晶盒五粮液。在新产品推出后，五粮液为中国白酒赋予了时代色彩。直到2019年，第七代五粮液才升级为第八代五粮液。从正式面世到结束生产，第七代五粮液为五粮液居于“中国酒王”的地位作出了巨大贡献，见证了五粮液在这十几年里的迅速崛起和发展。此后，五粮液不断推动中国白酒的国际化进程，积极开拓海外市场，打造了誉满全球的高端白酒。

泸州老窖的品牌发展之路也始于2000年前后。2001年3月，在成都春季全国糖酒会上，泸州老窖高端品牌——“国窖1573”惊艳亮相。泸州老窖近700年的酿艺传承和连续使用400多年的明清老窖池，早已为“国窖1573”这款“生命力强的好酒”奠定了注定不凡的产品基调。1996年，“1573国宝窖池群”被国务院核定为“全国重点文物保护单位”，泸州老窖是行业首家获此殊荣的企业，在白酒历史上第一次把一群古老的酿酒窖池推上“国宝”地位，“国窖”二字即由此而来。“你能听到的历史124年，你能看到的历史162年，你能品味的历史428年，国窖1573。”这一广告语塑造出“国窖1573”的文化属性和高端的品牌调性。中华文化与白酒消费结合的成功营销经验，为此后泸州老窖在白酒行业黄金十年的发展以及重回高端白酒品牌阵营奠定了基础。

2006年，泸州老窖酒酿制技艺入选国家级非物质文化遗产名录，泸州老窖由此成为第一家拥有“活态双国宝”文化遗产的白酒企业。2008年，“国窖1573”推出了中国首款高端定制白酒——国窖1573・定制壹号，开创了高端白酒定制化先河。泸州老窖还恢复举办了“国窖1573封藏大典”，率先恢复祭祀先祖的传统仪制，并由此缔造了封藏大典这一经典的品牌文化IP（知识产权）。直到如今，每年泸州老窖“国窖1573封藏大典”仍在举行。2021年，“泸州老窖封藏大典”入选泸州市第七

“国窖1573”包装生产线

批非物质文化遗产项目名录，并于2023年正式入选第六批四川省非物质文化遗产代表性项目名录。

作为曾经与茅台、五粮液并称为“茅五剑”的剑南春，在2000年可谓意气风发。在全面开展的战略调整下，剑南春不仅跻身第一梯队，更是与茅台、五粮液一起，长期占据白酒的高端市场。“东方红”荣获2001年度“中国白酒著名创新品牌”等称号，并成为2004年在全国白酒行业唯一荣获中国白酒科技大会“优秀科技成果一等奖”的新产品，同时获得了“中国白酒典型风格金奖”。此后推出的

“水晶剑”，是中国老牌八大名酒之一，是商务部认定的“中华老字号”，也是国家质量监督检验检疫总局认定的“原产地保护产品”。2019年，“水晶剑”单品销售达到120亿元；2020年，“水晶剑”单品销售更是高达130亿元，占据总销售的86%；到2021年，剑南春整体销售超过200亿元，“水晶剑”的销售额突破了150亿元。2021年开始，剑南春先后多次与三星堆博物馆联名推出“剑南春·青铜纪”系列文创产品，携手“央博”数字平台（中央广播电视总台数字文化艺术博物馆）打造主题文化展，与多位文化学者探秘古蜀三星堆，致力于让优质文化资源“活起来”“火起来”。这些举措，进一

剑南春·水晶剑

剑南春集团与三星堆博物馆联名文创产品“剑南春·青铜纪大立人”

步将剑南春的产品品质、文化价值和品牌价值推向新高度，获得了文创爱好者和白酒爱好者的高度认可，实现了经济效益与历史文化的双向促进，对推动蜀地文明的传承与活化起到了积极作用。

作为川酒“六朵金花”中唯一的酱香型白酒，2000年，郎酒的第一代青花郎——“青花郎·文房四宝”上市，开启了郎酒的高端战略品牌路线。2004年，第二代青花郎面世。2009年，第三代青花郎上市，颈部标识为“数字20圆标”，瓶身上选用了“宝相花”花纹，寓意吉祥如意。2018年，第四代青花郎问世，颈部标识从数字20变更为“青花郎麦粱标”。2024年，第五代青花郎正式推出。5代产品，承前启后20年，见证了“中国郎”的发展。

第五代青花郎

在如今的川酒“六朵金花”中，水井坊和舍得各占一席，这两个位置曾经站着的是全兴大曲和沱牌曲酒。水井坊和舍得则分别是从这两个品牌中衍生出的新品牌。

成都全兴集团联合中国科学院成都生物研究所及清华大学科研人员，从600余年“活文物原址”——成都水井街酒坊遗址中的古窖窖泥中，提炼出“水井坊一号菌群”，并采用现代先进生物技术与传统古法酿制相结合的特殊工艺，研制出了水井坊酒，开启了

水井坊·井台

水井坊品牌的发展之路。

水井坊酒的成功推出引发了高端白酒市场结构的裂变。随后，全兴集团生产经营的酒类产品形成了以“水井坊”“天号陈”品牌的高、中档产品为主，全兴系列产品为辅的产品结构模式。其中，“水井坊”“全兴”商标均被国家工商行政管理总局认定为“中国驰名商标”，全兴大曲多次被认定为“中国名酒”。2006年9月，随着水井坊品牌声誉的不断提高，从资本市场的运作和企业的持续发展考虑，四川全兴股份有限公司更名为“四川水井坊股份有限公司”，并与“世界500强”企业——英国帝亚吉欧集团结为战略合作伙伴。

与全兴和水井坊后来“分手”不同，脱胎于沱牌曲酒的舍得则是沱牌集团旗下的支柱品牌。沱牌在2001年创建高端品牌——舍得酒，名字取自佛经“舍得”之意，饱含了深厚的文化内涵。自2017年起，舍得酒业携手凤凰网、东方卫视联合制作先锋人物深度访谈节目《舍得智慧人物》。通过7年六季，与上百位时代先锋人物对话，《舍得智慧人物》为观众打造了一个“共情他人故事　滋养自我人生”的智慧“读本”，累计获得流量超过257亿，成为舍得酒业在演绎品牌内涵、铸造文化强IP之路上迈出的关键一步，也是白酒行业的标杆级文化IP。与此同时，

品味舍得

舍得酒业通过将《舍得智慧人物》IP与线下活动舍得老酒盛宴相结合，成功打造了一个汇聚立体品鉴、智慧分享、东方生活美学等于一体的高端白酒品鉴会样本，邀请各领域知名人士亲临现场分享舍得文化，进一步演绎和传播了舍得智慧内核。自2021年起，舍得老酒盛宴已走进郑州、济南、绵阳、西安、长沙、湖州、苏州、北京、上海等多座历史文化名城。至今，活动总曝光量已超1.47亿，成为舍得品牌展示和老酒核心价值表达的一个重要窗口。

川酒品牌创新的第三步，是通过“川酒全国行”成功构筑新平台。2023年4月，“川酒全国行”在武汉再次启程。四川“把酒话友情”的名单上，又多了一个城市。这是一项由四川省经济和信息化厅主办、四川中国白酒金三角酒业协会组织的创新性大型品牌推广活动，致力于打造大川酒的整体品牌，助力更多川酒企业出省、出川、出海。该项活动从2017年开始，先后走进长春、贵阳、南京、郑州、济南、西安、上海、北京、广州、杭州等地，成为推动四川构建产业高质量发展的重要载体。该活动的持续举行，也是川酒产业不断发展的写照。四川省经济和信息化厅发布的《推进供给侧结构性改革　全省酒类产业发展实现新突破》显示，2017年四川白酒产业规模以上酒类制造企业411家，主营业务收入2405.5亿元，同比增长15.4%；利润271.5亿元，同比增长29.1%，总体规模继续位居全国首位。不过，虽然川酒整体规模持续增长，产业内部却面临明显分化。川酒整体营收的增长主要得益于名酒企业的快速增长，中小酒企依然面临较大压力。

发展中的矛盾只能用发展来解决——抱团做大蛋糕，在增量中实现成长，这成为“川酒全国行”的出发点。基于对产业发展的准确预判，川酒吹响了高质量发展的“冲锋号”——2017年，首次举办的“川酒全国行”走进长春，收到了不错的效果：对外，在东北市场喊响“喝好酒选川酒”；对内，企业对于“大川酒”的共识得到强化。

从出发点来看，“川酒全国行”在持续举行的过程中，不断升级，并成为川酒发展的加速器。近年来，川酒规模从“三分天下有其一”到

2023“川酒全国行”青岛站，川酒“六朵金花”结伴亮相
四川省经济和信息化厅供图

“占据行业半壁江山”，“川酒全国行”始终与产业发展相伴同行，记录并传播川酒的每一个荣耀时刻。“川酒全国行”既传播水土、生态、技艺等传统好酒元素，也适应消费潮流的变化，将新生代、低度化等新元素融入其中。“川酒全国行”跳出消费者与厂商简单的关系结构，凝聚了更高维度的传播势能，将“水土气气生”的酿酒密码以通俗易懂、

2023“川酒全国行”青岛站一景 四川省经济和信息化厅供图

直观可感的方式让更多人知晓。

从效果来看，“川酒全国行”每到一站，都追求与当地文化、市场深度交融，力求触达更广泛的区域、更广阔的市场、更多原本陌生的消费者。“中国酒王”的风采，国宝窖池的神秘，“生长养藏”的郎酒……“六朵金花”展示出强大的吸引力，文君、丰谷、叙府、仙潭、小角楼等“十朵小金花”也频频收获惊喜。

一开始是摸着石头过河，现在已是渐入佳境。“川酒全国行”不再满足于“一城一站”的落地活动，开始寻找“行走”和“触达”之间更持久和深远的模式。活动形式持续创新，坚决突破线下空间的局限，努力扩大酒友圈。从2023年开始，“川酒全国行”这一重要的IP活动实现了“线上＋线下”的升维并行，整合一流的文化传播平台打造文化传播大赛，举办全民线上诗酒大赛，组建达人矩阵，共探川酒秘境，开发元宇宙平台，持续消除线上线下的体验断点……以双线破圈的模式，打造永不落幕的美酒体验。

模式创新

川酒探索市场模式创新的历程中，全国糖酒会可谓功不可没。全国糖酒会由中国糖业酒类集团公司主办，分别在春季和秋季举行，是全国食品行业的重要经济活动。自2011年起，每年的春季全国糖酒会的举办地都在成都，秋季全国糖酒会定位则于国内流动。展区分类一般分为传统酒类馆、葡萄酒及国际烈酒馆、食品饮料馆、调味品馆、食品机械及食品包装馆，还有反映地方经济发展的地方特色馆等。

“锣鼓喧天，鞭炮齐鸣。红旗招展，人山人海。”对于参加过全国糖酒会的人来说，这段经典小品中描绘的场景不是段子，而是真实的全国糖酒会现场。每年3月，成都糖酒会都会成为业内的焦点。

1989年，秋季全国糖酒会在成都举行 唐正益摄

从1955年首度举行到2024年的成都“春糖”（春季全国糖酒会），全国糖酒会已经举行了110届，时间跨度长达69年。该展会一直以来都是企业展示品牌、交流经验、开拓市场的重要平台。四川，作为白酒产业的重镇，历届糖酒会对其产业的推动作用尤为显著。

1994年，成都“春糖”交易额突破百亿元大关；

1998年，成都“春糖”首次将所有展览集中在同一场馆内，盛况空前；2010年，“春糖”永久落户成都的申请获批。

全国糖酒会落户成都的原因，是四川酿酒产业的兴盛为展会提供了丰富的展品资源和深厚的产业底蕴，能为其长远发展提供有力支撑。

全国糖酒会与川酒发展相互赋能的过程中，留下了很多重要时刻。

1996年，五粮液酒厂携其新品“五粮春”亮相全国糖酒会。这款新

全国糖酒会上的邛崃产区展馆

品凭借其独特的口感和优质的品质，迅速赢得了市场的认可，为五粮液的品牌发展注入了新的活力。

2000年前后，白酒产业兴起第一轮品牌高端化浪潮，第七代五粮液、“国窖1573”、青花郎、水井坊、舍得等现在为消费者所熟知的中国名酒产品，基本都在当年的全国糖酒会上重磅亮相，一飞冲天，合力开启了中国白酒的高端化时代。

2011年，泸州老窖推出新品“国窖1573·鸿运当头”，并在全国糖酒会上举办了品鉴会和文化论坛，成功地将这款新品推向了更广阔的市场，并且再一次提供了白酒文化与白酒深度融合的行业案例。

2022年，成都“春糖”首次采用“一城双馆”模式，展览面积突破32万平方米。2024年，第110届全国糖酒商品交易会暨春糖节在成都举办，释放出展会创新的信号——首次发布“春糖”品牌口号“过完春节过春糖”。通过形式多样的展城融合活动，全国糖酒会的影响力走出展馆，深入城市。“春糖”为往来客商与成都市民创造了丰富的体验场景，多方面促进了城市消费力的提升，并为参展企业创造了更多消费互动场景和品牌推广机会。这标志着春季全国糖酒会这一行业盛会，正式升级为激发成都全域经济活力的“城市节日”，其功能也逐渐从单纯的商品交易扩展到信息交流、行业趋势研判等多个方面。

回顾过去，全国糖酒会走过近70年，这70年也是我国经济社会发展的一个波澜壮阔的历史阶段。作为中国饮料食品行业的“晴雨表”，全国糖酒会对四川白酒产业的推动作用是多方面、深层次的，未来川酒产业和全国糖酒会之间还会不断续写与时俱进、相互赋能的美好篇章。

进入全新的发展时期，酒庄、酒旅推动的“川酒＋”成为川酒“闯市场”的又一创新模式。

在四川的翠绿群山和蜿蜒河流之间，一场关于白酒与旅游的融合革命正在悄然展开。在这里，白酒不仅仅是一种饮品，也是现代生活的调味品。古老的酿酒技艺与现代的旅游体验完美融合，提供了一场穿越时

郎酒庄园酒窖秘境

空的味觉与视觉的双重盛宴。

2020年3月，历时15年打造而成的郎酒庄园正式开放，占地10平方千米，其中包括世界最大的天然贮酒溶洞群（天宝洞）和十里香广场、千忆回香谷、敬天台、金樽堡、生态酿酒区等景点，配备度假酒店、山谷光影秀、私人定制收藏中心、品酒中心等一流硬件设施。郎酒庄园通过打破生产、消费、体验的边界，闯出了一条中国白酒品牌营销的新路径。2020年至今，累计吸引近40万人次前往参观访问、休闲度假，深度了解郎酒原产地二郎镇。郎酒庄园的诞生标志着川酒产业再次实现引领中国白酒产业的商业创新，推动中国白酒与世界酒类产业接轨。

从工业旅游到酒旅融合再到酒庄引领，川酒产业已走过了数十年的历程。

20世纪80年代，泸州老窖开始尝试将工业旅游引入白酒产业，建立了“全国工业旅游示范景点”。这一创新举措，标志着四川白酒产业与旅游业融合开启了初步探索。随后，四川的名酒企业纷纷开始探索这一模式。

五粮液以501古窖池中国白酒文化圣地、503明代古窖泥活态保护群落、江北生态酿酒基地为依托，打造了五粮液旅游景区，为游客提供了

泸州老窖博物馆

“从一粒种子到一滴美酒”的工艺流程的全面展示。

2024年6月，剑南春与《中国国家地理》合作，以“酒厂之旅”为主体，打造以“九寨沟水源探秘”“御酒进贡之路”等线路为主的知识主题旅行，以创新形式谱写文旅、酒旅融合的新篇章。

宜宾五粮液旅游景区

舍得酒业凭借独特的“老酒战略”和中国首座花园式生态酿酒工业园吸引了众多游客。在650万平方米的园区内，种植香樟、楠木、银杏、桂花、紫薇、女贞、桉树、南天竹等植物300多种、约390万棵，绿化率达98.5%，优美的环境成就了高品质的产品。大家在参观舍得酒业的过程中，不仅能够了解白酒的酿造过程，还能够亲身体验生态酿酒的全过程，感受与自然和谐共生的生产理念，增加对舍得品牌文化内涵的了解。

水井坊作为四川白酒的璀璨明珠，以其历史底蕴和酿造工艺为主题打造了水井坊博物馆，让游客能够近距离感受传统酿酒工艺的魅力，体验白酒文化的深厚底蕴，亲眼见证从明朝运转至今的老窖池。

近年来，川酒将酒旅融合放在更加开放的层面上进行打造，创造性地将川酒非物质文化遗产传承和文旅相结合。五粮液酒传统酿造技艺、泸州老窖酒酿制技艺等6项“国家级非遗”，江口醇酒传统酿造技艺、苏东坡酒传统酿造技艺等40项“省级非遗”，成为酒旅融合的新元素。

同时，白酒原产地也在积极调动与文旅资源之间的互动赋能，各酒企还通过线上直播、云旅游等，继续推广酒文化，保持与消费者的互动，加大对文创产品的开发力度，将酒文化与现代设计相结合，推出了一系列受年轻人欢迎的文创产品。

随着中国经济的快速发展和消费升级，四川白酒产业开始更加注重品牌建设和文化传承。近年来，四川省提出“酒旅融合”发展战略，四川省文化和旅游厅联合相关部门，推动建设中国白酒博物馆、“中国酒城·长江生态旅游带”等多个酒旅融合项目。这些项目的建成投运，将进一步推动四川白酒产业与旅游业的融合发展。

2024年“春糖”期间，水井坊推出首条酒旅融合路线——“春饮一壶酒，古今穿越600余年”，舍得酒业打造“老酒节”……这些活动不仅丰富了游客的文化体验，也为白酒产业的文化传播和品牌建设提供了新的平台。青花郎杯百万大奖品酒大赛落地全国300余城，吸引了4万余名消费者的参与，推动了产品品质与用户体验的双重升级。

酒旅融合是延伸产业链、提升价值链的重要路径。川酒的酒旅融合在持续进行中，川酒通过不断探索、实践和创新，为全国乃至全球白酒产业的发展提供新的思路和模式。

三、走向海外的创新发展

茶马古道铃声清越，远洋货轮美酒香遇。茶叶、丝绸、白酒……都是具有浓厚中国传统文化特色的优势产业，它们既是商业贸易的硬通货，也是人文交流的载体。数百年来，源自四川的美酒就通过茶马古道、丝绸之路、海上商贸等各种途径流布五洲四海，成为中国白酒走出去的代表。

其中，大众最耳熟能详的足迹可以追溯到1915年举行的首届巴拿马太平洋万国博览会，即如今世界博览会的前身。首届巴拿马太平洋万国博览会会址设在美国旧金山市，展期长达9个半月，总参观人数超过1800万，成为当时世界上历时最长、参加人数最多的博览会。当时的中国政府特意从全国征集了10万多件展品参展，包括丝绸、茶叶、瓷器、白酒等。

这些产品凭借卓越的品质，赢得了评委和观众的一致好评，获得各种大奖74项，奖牌、名誉奖章、奖状等1200余枚（张）。其中，五粮液和诞生于泸州的“温永盛”三百年老窖大曲酒也以卓越的品质、

走出国门、走向世界的五粮液

醇香浓郁的味道、悠久的历史文化，获得国际友人的高度认可，从此名扬海外。

其实，川酒出海闯市场的时间要早于巴拿马太平洋万国博览会。早在1909年，宜宾“利川永”古酒坊酿造的五粮液就通过上海“利川东”货栈的外贸渠道，成功销往美国檀香山、旧金山等地。当时，中国商品出口海外并不多见，而五粮液以其醇厚浓香的味道大受欢迎，让中国白酒香飘海外。五粮液在巴拿马太平洋万国博览会上大放异彩后，“利川东”货栈特赠“利川永”古酒坊“名震全球”牌匾一块，以此铭记五粮液的盛名远扬。

纵观川酒甚乃至中国白酒百年来的市场之路，巴拿马太平洋万国博览会成为其产业发展过程中一个重要的“锚点”，开启了川酒持续深远的国际化之路。

20世纪50年代，主要是由国家推动中国白酒走向国际。这一时期，白酒出口更多是一种创汇手段，面向的主体客群也是海外的华人华侨，川酒凭借优异的品质作出了重要贡献。

20世纪八九十年代，中国白酒与世界深度碰撞和交融。这一时期，川酒海外出口掀起了一波小高潮，为后来的川酒进一步国际化打下了坚实的基础。

1987年，巴拿马太平洋万国博览会举办72年后，我国曲酒类再次获得国际认可，收获国际高级别奖项。泸州老窖在泰国曼谷举办的第二届国际饮料食品展览会上荣获金奖，这是中华人民共和国成立后泸州老窖荣获的首个金奖。此后，泸州老窖迎来了国际金奖密集收获期。1992年

12月24日，已10次荣获国际金奖的泸州老窖通过《文汇报》“向天下华人和各国朋友祝贺圣诞”，彰显了民族品牌及中国白酒的国际视野与文化自信，这也成为中国白酒新一轮国际化的信号。

川酒的国际化之路始于周边国家市场。以东南亚市场为例，整个东南亚地区人口超过6亿，其中华人占比较高，对中国文化的接受度较高，是中国白酒出海不可忽略的关键市场。

2018年，由国务院新闻办公室、中国驻巴拿马大使馆、巴拿马国家文化局主办，四川省人民政府新闻办公室承办的“感知中国·中北美洲国家四川周”在巴拿马城举行，政企合作，共同推动巴蜀文化走出去。展览会上，曾经在首届巴拿马太平洋万国博览会上亮相的川酒、川茶、川丝绸等再次来到巴拿马，重现当年“四川造”产品的参展盛况。此外，10余家文创企业的全新产品，实现了巴蜀文化的时尚化、国际化表达。川酒主要品牌携手同框，五粮液、泸州老窖、水井坊等组成川酒代表团再次“出征”巴拿马，积极向国际友人输出中国符号，这也是“中国白酒，世界表达”的又一次标志性事件。活动现场调制的“丝路连中巴”“巴蜀记忆”等特色鸡尾酒，吸引了不少当地民众，两个小时内，500多杯鸡尾酒就被前来看展的观众“一抢而空”。

中国蒸馏酒的产量约占世界的三分之一。中国白酒国际化，走向更大的世界舞台，走向世界酒业的制高点，可以说是“不会逆转的历史进程”，也是白酒行业高质量发展的重要路径。

面对全球化背景下中国品牌出海的机遇和挑战，川酒如何进一步冲破障碍，连接世界？一是让川酒不断穿越地理文化的边界，与世界酒文化交融共生；二是让川酒不断融入国际潮流，成为美好生活的重要载体；三是让川酒不断赢得青睐，积淀更强的品牌力量；四是让川酒不断凝聚合力，书写共同出海的发展新篇。

2023年，川酒“六朵金花”开展了以“川酒通江海　和美共酒香”为主题的“川酒全球行”系列活动，掀起了川酒出海新高潮。区别于以往川酒各品牌单独出海，“川酒全球行”系列活动是川酒“六朵金花”首次抱团以产区名义向海外消费市场进行产区、品牌推广和中国特色文化的推介。“六朵金花”先后走进韩国、日本和澳大利亚，与当地政府、商会、协会、商超、酒企等开展深入洽谈。

2023年9月，一场品鉴会在日本东京六本木的五粮液大酒家举行。这里是“川酒全球行”活动日本站的活动现场之一，五粮液、泸州老窖、剑南春、郎酒、舍得、水井坊齐齐亮相，用一场华丽的“中华料理”盛宴，为所有参与者带来“沉浸式”的中国白酒文化体验。

在澳大利亚悉尼站暨川酒专项品牌推广活动现场，展区以川酒地图为背景，展示了川酒的地理标志和主要产区，并汇聚了带有川酒元素的道具和各种品牌标语。工作人员不断地为嘉宾进行专业介绍，全面展示川酒的魅力和品牌形象。在这一站，川酒企业的代表们还拜访了澳大利亚艾罗菲尔德酒庄，实地调研悉尼城市实验农场和澳大利亚大型零售超市——Coles和Woolworths，对比研究川酒和威士忌、清酒、伏特加等酒在商超的售卖情况。

川酒走出国门除了进行活动推介，也积极与当地经销商合作，通过落地品鉴、圈层拓客等精准动作提升销量。

五粮液近年来积极抢抓“一带一路”带来的机遇，目前已设立欧洲、美洲、亚太三大海外营销中心，在日本东京、中国香港等城市设有五粮液大酒家，在德国杜塞尔多夫、意大利米兰建有五粮液品鉴中心，还发起成立了“一带一路”国际名酒联盟，推动中国白酒和文化“走出去”；与新西兰著名酒类销售企业Massion Bay酒铺达成合作意向，与南美洲最大的国际葡萄酒酒业集团——智利干露葡萄酒集团达成战略合作意向。

在马来西亚，郎酒通过与当地酒行合作，不断开拓当地市场，让青花郎、红花郎和顺品郎等郎酒产品频频出现在马来西亚槟城、吉隆坡的各类社交餐桌上。2024年3月，郎酒股份有限公司深入马来西亚销售一线探访市场，明确郎酒未来将持续携手合作伙伴、拓展全球化市场的坚定决心。

泸州老窖也在加快国际化布局，快速融入全球主流酒类消费市场。早在2012年，泸州老窖联合中远（香港）集团有限公司等在香港成立了泸州老窖国际发展（香港）有限公司，以香港为基地开启全球销售、品牌推广和文化传播的征程；2019年，泸州老窖商业发展（北美）股份有限公司在美国洛杉矶成立，这标志着泸州老窖的国际市场运作进入了全新阶段。截至2023年底，泸州老窖产品销售网络已覆盖亚洲、北美洲、大洋洲、南美洲的70多个国家和地区，并在15个国家的71个主流国际机场免税终端建立品牌专柜。

早在2003年，剑南春就已联合国际酒业巨头法国轩尼诗和瑞典V&S公司，拓展了海外60多个国家和地区的市场。在“体育＋白酒”的营销热潮下，2019年，剑南春与英超（英格兰足球超级联赛）冠军曼彻斯特城足球俱乐部成功缔结全球战略合作关系。之后，剑南春还与爱奇艺体育合作冠名英超和欧冠（欧洲冠军）联赛，并推出多款曼城冠军纪念文创酒。剑南春同时与球迷社区密切合作，举办大量的球迷活动，进一步加深了与球迷的互动和情感链接。在足球之外，剑南春还合作了NBA（美国职业篮球联赛）中国赛、斯诺克国际锦标赛等，不断突破品牌固有形象进行破圈营销，创新展示白酒的独特魅力，打造白酒文化输出新样本。

获得复星集团投资的舍得酒业，将“国际化”视为四大战略之一。2023年3月至4月，舍得酒全球品牌发布会陆续登陆意大利、德国、法国、西班牙、葡萄牙、英国、新加坡等国。

水井坊则是借助帝亚吉欧全球营销网络，加速拓展海外市场。

与此同时，川酒龙头企业积极参与APEC（亚太经济合作组织）工商领导人峰会、博鳌亚洲论坛、世界博览会、西班牙巴塞罗那国际食品饮料展、日本千叶食品展、法国波尔多国际葡萄酒及烈酒展览会等国际盛会。

2024年3月18日，西班牙巴塞罗那国际食品饮料展在西班牙巴塞罗那Gran Via馆开幕。在四川省商务厅的支持下，四川国际博览集团邀请了五粮液、舍得酒业、剑南春、川酒集团、成都大和红梅酒业有限公司五家川酒企业参展。展会上，川酒以“抱团”方式“出海”亮相展场，以“川行天下·川酒链全球”为主题，充分利用“博览搭台　强链聚群”专项活动，运用积累的大数据资源开展

“川酒速配”活动，进行产销对接，有效拓宽了“展品变商品”路径，增强了展商、采购商的获得感。这些举措促进了全球酒业的交流与合作，继续推动川酒走向世界，让中国酒业融入世界。同时，四川的龙头酒企也进一步用自己年轻、时尚的国际化表达方式，讲好了中国白酒故事。

北京时间2024年4月17日，随着“成都—奥克兰直飞航线”的复航，五粮液携手川航，为乘坐首趟复航航班的乘客们精心准备了具有文化特色的精美好礼。以复航为起点，五粮液正式拉开“和美全球行”奥克兰站的帷幕，陆续启动丰富多彩的酒文化、品牌文化推介活动。

当地时间2024年4月19日，中国（四川）—智利经贸文化推介交流会在智利首都圣地亚哥举行。五粮液积极参与本次推介会，以民族品牌的自信、国际化视野和全球化胸怀，向世界讲述中国白酒文化、产业故事，以酒为媒，积极搭建川智文化交流互通、经贸协同合作的友谊桥梁。

川酒“六朵金花”亮相海外，旨在向世界传播中国酒的风采，让更多的人深入了解“酒礼相和”的文化内涵、博大精深的匠心技艺、交流互鉴的和美追求。无论是偶遇的路人，还是应邀而来的嘉宾，从此都对这来自东方的佳酿念念不忘。

“中国白酒看四川”，川酒作为中国白酒产业的重要组成部分以及优势生产力代表，正在白酒国际化这一重要的历史进程中作出卓越贡献。龙头川酒企业凭借已经比较成熟的出海战略，借助中国传统文化的国际影响力以及白酒文化体系的构建，积极迎接白酒国际化的挑战。

四、区域发展与产业发展的创新融合

经过多年的发展，川酒的核心产区经历了“从二到三、由三进四、跨四升五”的发展历程。目前，五大产区已经形成了宜宾、泸州两大千亿级产区领衔发展，成都、德阳、川东北三大核心产区各有特色的“2＋3”格局。在当前白酒产业集群化、集约化、集聚化发展进程不断加快的背景下，“产区”成为承载这一轮高质量发展规划的重要平台和抓手。

下一步，川酒的高质量发展体现在其五大产区的协同发展和创新升级上，每个产区各有特色和优势：宜宾产区以“千亿之上，迈向世界级产区”为目标，泸州产区以长江畔的泸州老窖和赤水河左岸的郎酒为代表，成都产区以其独特的崖谷气候和冰川融水为特色，德阳产区以其高土壤有机质和微酸性土壤为酿酒提供了绝佳条件，川东北产区以其产业集群化发展优势为抓手，为四川白酒产业转型升级作出了贡献。五大产区共同构成了川酒高质量发展的基础，并通过政府引导、企业主体、政企携手共建的方式，共同推动世界级优质白酒产业集群的形成。

早在2017年，宜宾就成为中国首个千亿白酒产区。2022年，宜宾已有49家规模以上白酒企业、270余家中小酿酒企业、1170余个酿酒单

宜宾五粮液产业园区

元、120家配套企业，组成集原酒、原粮种植、研发、基酒存储、包装材料、灌装、销售、物流为一体的千亿级产业集群。当前，宜宾正着力构建长江“零公里”最优最美酿酒生态圈，全力打造世界级优质白酒产业集群，实施“产区发展、产业集群、三产融合、创新驱动、绿色低碳”五大战略，打造以五粮液、宜宾酒等品牌为引领的五粮浓香白酒主产区，不断丰富产品体系，巩固提升浓香型白酒原产地优势。多措并举之下，宜宾已经形成“推进组＋酒业局＋专班＋公司平台＋产研机构”的工作格局，生产要素整合速度加快，这将进一步推动宜宾白酒产业链的延链、补链、强链。

泸州产区作为川酒产业两大千亿规模的极核产区之一，始终在川酒产业的各个时期扮演着重要角色，并保持着强劲的发展优势。当前，泸州大力实施“一体两翼”特色发展战略，定向施策推动产业不断加速发展。四川泸州白酒产业园已成为全国规模最大、产业链最完整的白酒产业园区，产业年营收已突破1300亿元，入驻企业200余家，形成了白酒制造和包装材料两条完整的产业链。同时，泸州也是川酒“浓酱双优”的前沿阵地，泸州产区的古蔺县成为川酒酱酒品类的核心产区。根据《泸州市“十四五”白酒产业高质量发展规划》，到2025年，泸州市白酒营业收入计划达1500亿元，力争2000亿元。

川酒成都产区的核心承载地是邛崃。截至2023年，邛崃汇聚了生产、销售等各类酒企540余家，培育了国家级、省级白酒评委和酿酒工艺大师86名。2022年，川酒成都产区邛崃实现营收117.3亿元，同比增长17.4%，引进品牌酒企30家。酒庄文化，是邛崃的特色。邛崃计划通过三到五年的努力，培育形成50家左右规模的酒庄集群，成为中国酒庄最为聚集、内涵最为丰富的产区，打造中国酒庄产业集群，形成一批主题各异的森林酒庄、林盘酒庄、工业酒庄，联动酒街、酒肆等多业态融合消费场景，形成点线串联的“微醺旅游环线”，进一步扩大产区优势，提升产区品牌，实现产业提能升级。

根据《德阳市白酒产业发展规划（2023—2027年）》，明确到2027年，德阳市白酒产业全产业链营业收入实现“翻两番”，达到800亿元；到2035年，德阳市白酒产业品牌效应突出，标准体系完善，白酒初步实现产业智能化、数字化、绿色化；市场竞争力明显提升，培育世界知名的千亿白酒产业集群，打造具有全国和全球竞争力的白酒优势产区。

德阳产区明确“十四五”期间白酒产业发展的目标、方向、路径。到2025年，建成全国优势白酒产区，形成以剑南春为龙头，周边二三线骨干酒企、特色中小酒企共同蓬勃发展的态势。其中，尤其强调要推动白酒优势企业、优势要素向产业园区集中，构建“一核一区，一圈多点”（“一核”，是指以剑南春白酒产业区为核心区域；“一区”，是指以绵竹名酒食品工业园为基础，高标准建设专业白酒产业园；“一圈”，是指以绵竹为中心建设“白酒＋”高水平白酒产业生态圈；“多点”，是指除绵竹白酒产业圈外，广汉市、旌阳区、罗江区、什邡市、中江县等区域散列分布的个别企业）的整体发展格局，实现集约高效发展。此外，德阳将在建设白酒产业园基础设施、优化产品结构、推动智能改造、强化人才引育、探索校企合作、推进酿酒原料基地建设、建立

川酒德阳产区

溯源体系、引导酒厂向生态酒庄方向转型等领域发力，全方位提升德阳白酒产业综合竞争力。

在2023年春季全国糖酒会期间，四川正式确定了继宜宾、泸州、德阳、成都之后的第五大产区，正是以遂宁为核心引领，辐射带动的整个川东北白酒产业带（包括遂宁、南充、巴中、绵阳、广元、达州、广安等7市）。位于遂宁射洪的四川沱牌绿色生态食品产业园是四川首批上榜的六家“四川省优质白酒产业园区”之一。园区将通过优化产业链布局，促进资源要素合理流动、高效积聚，提升区域经济竞争能级，力争2030年打造成为千亿级食品饮料产业集群。依托得天独厚的生态资源优势，通过遂宁白酒产业的提档升级和巴中白酒产业的持续发展，川东北产区将进一步支撑起川酒产区的多样化发展，更为各地中小酒企形成合力打造产区，寻求产区的价值赋能提供新的思路。

各产区的高质量发展，既符合川酒产业高质量发展的内在需求，也将填补四川白酒产业空间发展形态的“空白点”。

四川“十四五”规划明确，将壮大世界级白酒产业集群，为川酒高质量发展提出了新目标，绘就了新蓝图。2023年，四川白酒制造业营业收入同比增长9.1%，规模居全国第一。这一成绩的背后，是企业的市场拼搏和政府的规划引领相辅相成。长期以来，一系列承前启后、接续实施的产业政策和指导意见，持续为川酒产业的提档升级、转型跨越提供了“顶层设计”，也成为川酒高质量发展的坚实根基。

2023年6月，中共四川省委第十二届三次全体会议通过了《中共四川省委关于深入推进新型工业化加快建设现代化产业体系的决定》，该决定明确提出要“着力建设世界级优质白酒产业集群，巩固提升川酒品质和美誉度，提高全球市场份额”。

2024年5月，四川省经济和信息化厅发布了《着力打造“川酒”品牌　推动川酒高质量发展行动方案（2024—2027年）（征求意见稿）》（简称《行动方案》）。《行动方案》指出，要强化龙头培育，增强“川酒”核心引领。持续巩固龙头企业优势，聚焦宜宾、泸州、德阳、遂宁、成都等优势产区，推动“六朵金花”等名优酒企成长为具有全球重要影响力和话语权的龙头企业；加快品牌企业培育；实行川酒国有上市企业分级分类管理。着力培育产业链配套企业，支持原酒企业向品牌转化、开发自主品牌及产品，打造“四川原酒”公共品牌；打造酒类包装包材行业领军企业；招引育强酿酒装备制造、酒类营销、创意设计等国内外知名企业。

随后，四川省酒业高质量发展推进会暨四川省酒业协会成立大会在成都召开。四川省酒业协会、四川省酒业研究和发展中心正式授牌，建立起川酒的“一会一中心”服务架构。从这场大会上传递出来的“新”“融”“合”三个关键词，可以感知推动川酒高质量发展的明确信号——新，即创新驱动，川酒将加快拥抱数字化、信息化，推动全产业“智改数转”；融，即实现融合发展，实施“川酒＋”，推动川酒与其他产业融合发展；合，即形成合力，搭建新平台推动川酒合力抱团发展。

根据《行动方案》，到2027年，“川酒”品质持续巩固，“川酒”品牌价值不断提升，产业创新能力不断增强，“川酒”市场竞争力、国际影响力稳步扩大，先进制造能力、龙头企业实力、营业收入规模、营收利润率等高质量发展指标显著提升。

我们相信，川酒作为中国酒业版图中的重要板块，在保持产业高质量发展和效益高速度提升的同时，也能始终站在白酒“领头羊”的位置，继续引领行业向前奔跑。

《唐国史补》

第五章

川酒 文脉绵延

自从人类在巴蜀大地留下第一个脚印开始，漫漫的历史长河中，勤劳的蜀人构建了衣食富足的天府之国，也留下了一段段与酒有关的佳话。无论是生于斯长于斯，还是来此客居的文人墨客，四川的秀美山川和美酒佳酿都赋予了他们灵感。

川酒，让他们神采飞扬、巨翅翻舞，全方位唤醒了他们的美学意识。有人说：诗为酒侣，酒为诗魂。自古文人皆爱酒，美酒佳酿促使其文思泉涌。唐代是诗人的时代，诗酒交相辉映，留下了许多脍炙人口的佳作名篇。李白25岁离川，杜甫47岁入蜀，在李杜的诗篇中，近20%与酒有关。此外，大唐历史上赫赫有名的诗人如王勃、卢照邻、骆宾王、高适、岑参、张籍、孟浩然、刘禹锡、白居易、元稹、贾岛、李商隐等都曾游历蜀中，他们的诗篇无不浸染着川酒的清冽。北宋时期，精通诗、词、文、书法、音乐的文化全才苏东坡，毫不掩饰对酒的热爱。哪怕一生颠沛流离，他都始终保持着“酒中仙”的乐观、侠义与率真。南宋爱国诗人陆游一生与诗酒为伴，他“一杯且为江山醉”的豪言壮语，洋溢着无限的爱国激情。明朝杨升庵一壶浊酒喜相逢，笑谈古今之事。清代船山先生好酒如命，留下题酒名篇。川酒惊艳世界，催生多少才情，文同饮者留其名！

一、四川古代名人与酒

（一）李冰与酒

都江堰水利工程是世界水利史上的创举，是人类征服自然的一次伟大胜利，至今仍然滋润着巴蜀大地。《华阳国志·蜀志》在总结都江堰修筑后的成就时说："于是，蜀沃野千里，号为陆海，旱则引水浸润，雨则杜塞水门，故记曰：水旱从人，不知饥馑，时无荒年，天下谓之'天府'也。"

蜀郡守李冰带领民众修建都江堰水利工程时，有一则与酒相关的故事。据《史记正义》记载，秦昭王"使李冰为蜀守，开成都县两江，溉田万顷。神须取女二人以为妇。冰自以为女与神婚，径至祠劝神酒，酒杯澹澹，因厉声责之。因忽不见。良久，有两苍牛斗于江峰。有间，辄还，流江谓官属曰：'吾斗疲极，不当相助耶？南向腰中正白者，我绶也。'主簿刺杀北面者，江神遂死"。这则故事介绍了在都江堰水利工程修建以前，当地的统治者曾利用"江神娶妇"的迷信来欺骗人民。李冰担任蜀郡守后，为了破除迷信陋习，以自己女儿与江神为婚为由，亲自端着酒杯来到江神祠前敬酒，并厉声斥责江神胡作非为，随即化为苍牛与江神相斗，终于杀死江神而取得胜利。李冰治水斗江神的故事流传很广，后代都江堰人民一直保留着饮酒斗牛的风俗。

都江堰水利工程的修建非常艰巨。繁重的劳动，需要饮酒解乏；长期的水中作业，离不开以酒御寒；治水的成绩，理当摆酒庆贺。在

都江堰鱼嘴 李安摄

李冰斗江神的神话中，酒和酒杯作为一种特殊的媒介，成为李冰与江神交流的“道具”。可见，当年的川酒在人们改造大自然的生产活动中起着特殊的促进作用。而这项伟大的工程缔造了成都平原的沃野千里，改善了当地的自然环境，为天府之国提供了足以用来酿酒的富余粮食。可以说，如今川酒的辉煌，与李冰治水息息相关。

（二）文君当垆

卓文君和司马相如的故事，流传了2000多年，文君当垆卖酒的故事更是家喻户晓。

司马相如（约前179—前118），字长卿，蜀郡成都（今属四川）人，是西汉著名的辞赋家，代表作有《子虚赋》《上林赋》《长门赋》等。一次，司马相如返乡的时候路过临邛，在那里结识了经营冶铁生意的卓王孙。卓王孙有个女儿名文君，是远近闻名的美女和才女。东晋

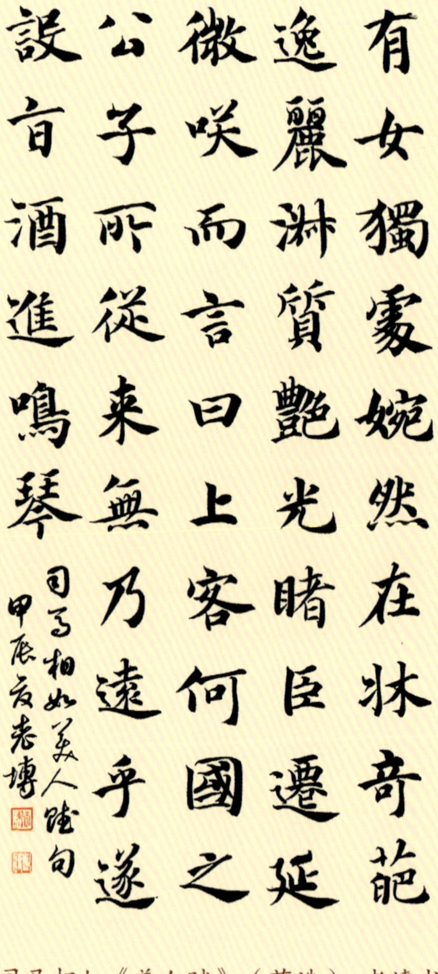

司马相如《美人赋》（节选） 老塼书

葛洪在《西京杂记》中形容她“眉色如望远山，脸际常若芙蓉，肌肤柔滑如脂”。更难得的是，卓文君不仅文采非凡，而且精通音律。在一次家宴上，司马相如弹奏了一曲《凤求凰》，以表达对卓文君的爱慕之情，两人遂相互产生爱意。《史记·司马相如列传》记载，蜀地才子司马相如“琴挑”临邛豪富卓王孙之女卓文君，两人私奔至成都相如家，然其“家居徒四壁立”，卓王孙怒其女私奔，而“不分一钱也”。为生计，相如与文君只好回到临邛，“尽卖其车骑，买一酒舍酤酒，而令文君当垆”，“相如身自著犊鼻裈，与保庸杂作，涤器于市中”，“卓王孙不得已，分予文君僮百人，钱百万，及其嫁时衣被财物。文君乃与相如归成都，买田宅，为富人”。

后来，司马相如所写《子虚赋》得到汉武帝赏识，又以《上林赋》被封为郎（帝王的侍从官），不久便开始冷淡卓文君，并打算纳茂陵女子为妾。于是卓文君写下《白头吟》给司马相如：

皑如山上雪，皎若云间月。
闻君有两意，故来相决绝。
今日斗酒会，明旦沟水头。
躞蹀御沟上，沟水东西流。
凄凄复凄凄，嫁取不须啼。
愿得一心人，白头不相离。
竹竿何袅袅，鱼尾何簁簁！
男儿重意气，何用钱刀为！

早已将曾经患难与共、情深意笃的日子忘却的司马相如，哪里还记得千里之外还有一位日夜思念丈夫的妻子。司马相如看完妻子的诗，不禁惊叹于妻子之才华横溢。遥想昔日夫妻恩爱之情，他羞愧万分，从此不再提遗妻纳妾之事。最终，两人安居林泉，白头偕老。

后人感怀这段曲折的爱情故事，感慨卓文君这位能诗善画的才女：有李白《江夏行》“正见当垆女，红妆二八年”，有李商隐《杜工部蜀中离席》“美酒成都堪送老，当垆仍是卓文君”，有夏完淳《雪后怀张子韶》“当垆对酌睨文君，露顶沉杯呼阮籍”。一个有思想、有勇气、敢爱敢恨的女性形象跃然纸上。始于酒，终于情，如今的成都琴台路，以汉唐仿古建筑群为依托，以司马相如和卓文君的爱情故事为主线，展示了汉代礼仪、舞乐、宴饮等风土人情。成千上万的游人到访于此，他们站在司马相如和卓文君的雕塑下，遥想2000多年前这段与酒相关的曲折爱情故事。

（三）扬雄《绵竹颂》

扬雄（前53—18），又作杨雄，字子云，蜀郡成都人。西汉哲学家、文学家、语言学家。扬雄早年好辞赋，曾仿司马相如赋体作《甘泉》《羽猎》《长杨》等赋，以讽劝汉帝。中年以后，他转而研究儒学，著有《太玄》《法言》等。扬雄的哲学和文学思想对后人产生了重大的影响，受到后世许多思想家、政治家的极力推崇。

扬雄年少时，曾拜在绵竹严君平先生门下求学，据传当时的绵竹酒以君平庄所酿的为最佳，扬雄是否学会了酿酒技艺不得而知，但他后来爱饮酒却是不争的事实。不仅如此，他常和老师把盏，论道之间，心情愉悦，其哲思亦在这样融洽的氛围中不断产生。

汉阳朔四年（前21年），32岁的扬雄从绵竹出发，到达京师长安。他随身携带之物中，就包括写有《绵竹颂》的一卷简牍。大司马、车骑将军王音和直宿郎（古代官名，在汉代属郎官的一种，为宫廷的近侍）杨庄相当佩服扬雄的才学。杨庄是扬雄的同乡，他作为直宿郎，常在皇帝身边。一天，杨庄找了一个机会，为喜好辞赋的汉成帝刘骜诵读了扬雄的《绵竹颂》。汉成帝听罢很是欣赏，于是说道："这篇《绵竹颂》很像司马相如的文章！"杨庄说："不是，此文乃我同乡扬子云所作。"汉成帝十分惊讶，杨庄借此机会向汉成帝推荐了扬雄。很快，爱才的汉成帝召见了扬雄，并赐予扬雄给事黄门郎的官职。关于这段真实故事，《李义山诗集注》引李周翰注："（扬）雄尝作《绵竹颂》，成帝时直宿郎杨庄诵此文，帝曰：'似相如之文。'庄曰：'非也，此臣邑人扬子云。'帝即召见，拜黄门侍郎。"据说，扬雄在《绵竹颂》里，除了对绵竹（竹子本身）的咏颂，还提及自己与恩师严君平饮酒论道的段落。因该赋骨气奇高、词采华茂，汉成帝谓之丽辞锦章，爱不释手，并将《绵竹颂》收入私赏，不许外传，导致后来失传。

《绵竹颂》是扬雄对绵竹风土人情的赞颂，也让绵竹酒闻名天下。至今，很多绵竹人常常兴奋地谈起《绵竹颂》，却又叹息于《绵竹颂》的失传。《绵竹颂》若在，让人不仅可洞见汉时绵竹的历史人文，也可了解汉代绵竹酒的很多信息。但无论如何，《绵竹颂》是这座城市最华丽的辞章。每一个绵竹人似乎都还怀着这样的信心：也许，奇文潜藏在书山史海；也许，《绵竹颂》在某天会突然被人发现。虽有遗憾，但扬雄创作的另一篇咏物小赋——《酒箴》（又名《都酒赋》）则流传至今：

子犹瓶矣。观瓶之居，居井之眉。处高临深，动常近危。酒醪不入口，臧水满怀。不得左右，牵于纆徽。一旦叀碍，为甇所轠。身提黄泉，骨肉为泥。自用如此，不如鸱夷。鸱夷滑稽，腹大如壶。尽日盛酒，人复借酤。常为国器，托于属车。

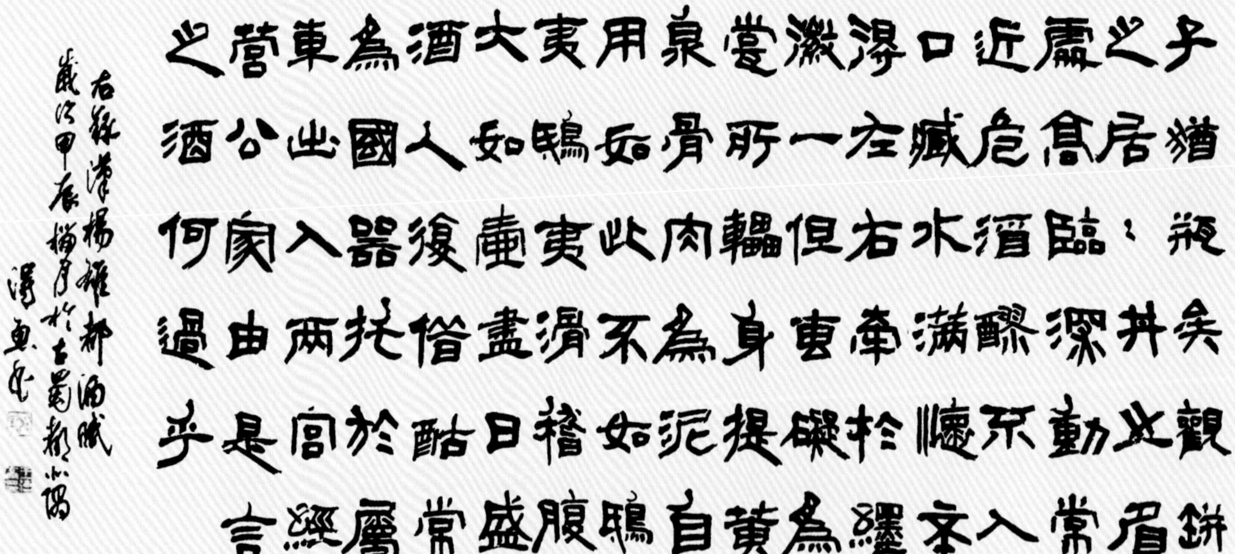

扬雄《都酒赋》 王德育书

出入两宫，经营公家。由是言之，酒何过乎？

此赋前面写打水陶罐，后面写盛酒皮囊，看似调侃之作，实则借物抒怀：那朴实无华的水瓶，常遭危害，那浑浑噩噩的酒袋，却自得其乐。此赋是扬雄将酒与时政相融合而作，目的是劝诫汉成帝不要亲近那些圆滑的小人而疏远了淡泊的贤人。

（四）诸葛亮《又诫子书》

诸葛亮（181—234），字孔明，人称“卧龙”，琅邪阳都（今山东沂南南）人，三国蜀汉政治家、军事家。诸葛亮早年随叔父诸葛玄到荆州，后躬耕于南阳。刘备三顾草庐后，诸葛亮辅佐他成功占领荆州、益州之地，与孙权、曹操形成三足鼎立之势。诸葛亮一生“鞠躬尽瘁，死而后已”，勤勉谨慎，大小政事必亲自处理，赏罚严明。《三国志》裴松之注引《袁子》：“亮之治蜀，田畴辟，仓廪实，器械利，蓄积饶。朝会不华，路无醉人。”可见在诸葛亮辅佐治理下的蜀国，政治清明，社会安宁。

在多年的政治生涯中，诸葛亮形成了一套自己的识人之法，其中一点和酒有着密切的关系。诸葛亮在《将苑·卷一·知人性》中写道：“然知人之道有七焉：一曰问之以是非而观其志，二曰穷之以辞辩而观其变，三曰咨之以计谋而观其识，四曰告之以祸难而观其勇，五曰醉之以酒而观其性，六曰临之以利而观其廉，七曰期之以事而观其信。”其中，“醉之以酒而观其性”说的就是通过一个人醉酒后的言行，可以看出他的本性和修养，因为这个时候人会展现出自己最真实的一面。众所周知，诸葛亮相当重视子女的教育，并写下了著名的《诫子书》，以简短的文字、严谨的态度勉励儿子修身养德，成为栋梁之材。鲜为人知的是，诸葛亮还写了一篇与喝酒招待客人有关的《诫子书》，出自陈寿汇编的《蜀相诸葛亮集》，被后人称为《又诫子书》：“夫酒之设，合礼致情，适体归性，礼终而退，此和之至也。主意未殚，宾有余倦，可以至醉，无致迷乱。”诸葛亮认为摆设酒宴招待客人，目的是符合礼节、表达情意，既要让身体舒服，又要让心情愉悦，吃饱喝足之后就应该及时退席，这才是一场和谐圆满的宴会。如果主人感觉还没尽兴，客人也不觉得疲倦，可以再饮到酒醉，但绝对不能醉到丧失理智而乱来。文章虽只有数十字，却充分表明了诸葛亮对于饮酒宴会的态度。

至今巴蜀地区还流传着许多关于诸葛亮治蜀的故事，其中就有诸葛亮与酒的故事。相传诸葛亮屯兵大巴山麓的城口一带时，不少士兵染上了瘴疫。诸葛亮询问当地人后得知一种卵形的野果可防瘴疫，于是令士兵采摘了许多这种野果，染病的士兵吃了以后，病果然都好了。可是，这种野果不便存放，采下后容易腐烂。经过多次实验，诸葛亮最后用这种野果作原料酿成了果酒，蜀军士兵饮用后，再也没有染上瘴疫了。这种野果，就是猕猴桃。这么说来，诸葛亮也许是猕猴桃酒的发明人。另一则流传甚广的故事是“诸葛亮采百草制曲”。相传225年，诸葛亮屯兵江阳，在宝山上训练士兵，以备南征。当时，江阳一带瘟疫流行，诸葛亮便叫人采集草药百味，制成曲药，合南城营沟头龙泉之水酿制成酒，令将士日饮一勺，并兼施百姓，即避瘟疫。后世泸州人为了纪念他，在明崇祯年间把宝山改名为“忠山”。

（五）陈子昂与酒

陈子昂（659—700），字伯玉，后世称其为“陈拾遗”，梓州射洪（今属四川）人，初唐文学家。陈子昂17岁时弃武从文，立志济世经邦、建功报国。他以《修竹篇序》为宣言书，高擎“风骨”和“兴寄”两面大旗，掀起了一场轰轰烈烈的唐诗“革新复古”运动，极力倡导“风雅兴寄”“汉魏风骨”。其诗歌风格高昂清峻、雄浑苍凉、寓意深远，语言古朴苍劲，在内容与表达上贴近社会生活实际，奠定了唐诗的壮阔景象，对盛唐诗人张九龄、李白、杜甫产生了深远影响，因此陈子昂被誉为“唐之诗祖”。陈子昂洞察国事，有远见卓识，其谏疏被《资治通鉴》引用达6处。著作有《陈伯玉集》10卷、诗128首、文110余篇，代表作有《感遇》诗38首，《登幽州台歌》被誉为古典诗歌中的千古绝唱。陈子昂的诗作中，与“酒”相关的有10余首。陈子昂的故乡射洪，地处白酒酿造黄金带，位于四川盆地“天然窖池”底部。据《华阳国志》及《射洪县志》记载，射洪“有泉甚旺”，其酿酒始于西汉，兴于唐宋，盛于明清，大放光彩于当代。唐代驰名的射洪春酒享誉全国，明代射洪人谢东山在射洪春酒的基础上创制谢酒，清代泰安作坊在传承谢酒的基础上创制沱酒。而今的舍得酒业，又在清代沱酒的基础上，创制了名扬海内外的沱牌曲酒与舍得酒。

唐光宅元年（684年），陈子昂离开家乡，沿涪江东行赴长安赶考。临行前陈子昂用射洪佳酿之春酒与友人辞别，席间，友人的一片真情触发了陈子昂胸中的诗潮，面对金樽美酒，陈子昂作《春夜别友人二首》，其中“银烛吐青烟，金樽对绮筵”，记录了当时众人欢聚饮酒的场面；“对此芳樽夜，离忧怅有余”，写出了离别的惆怅。远离家乡的日子里，陈子昂又作《喜遇冀侍御珪崔司议泰之二使》，其中“凭轩一留醉，江海寄情人”显示了诗人对酒的喜爱，以及通过酒来寄托自己的情怀。“诗书琴酒，以观先达之风；山水丘园，将为遗老之赏”（《故宣议郎骑都尉行曹州离狐县丞高府君墓志铭》），陈子昂诗中的“酒”常常与琴瑟俱在，酒因此被雅化，成为专属士子的风流独赏。千年之后的射洪人，仍以陈子昂的精神和风骨为文化核心，陈子昂的“身影”遍布射洪各处。如今，我们不仅可以在文宗苑、陈子昂读书台、子昂故里文化旅游区等感受陈子昂的文化精神，还能领悟蕴含其中的文化根脉和灵魂的坚守。

（六）李白与酒

李白（701—762），字太白，幼时随父迁居绵州昌隆（今四川江油）青莲乡，故号青莲居士，被后人誉为“诗仙”，是唐代伟大的浪漫主义诗人。李白一生爱酒，他不仅是诗仙，更是酒仙。唐代另一位大诗人杜甫在《饮中八仙歌》中写道：

李白一斗诗百篇，长安市上酒家眠。
天子呼来不上船，自称臣是酒中仙。

李白为人爽朗大方，爱饮酒作诗，喜交友。他不仅诗才横溢，且酒量十分惊人，一生中尝遍天下美酒。李白写诗的最好状态就是喝醉之后，酒的力量让李白对生命的了悟，对个性的张扬，达到了一个前所未有的境界。

李白曾在《襄阳歌》中说道："百年三万六千日，一日须倾三百杯。"这位25岁出川后长期在各地漫游、饮酒赋诗的旷世奇才，一生都和"酒"字紧密相连。借酒相伴，他为后世留下了上百首脍炙人口的咏酒诗。他在《月下独酌四首·其一》中直抒胸臆，借酒把寂寞的环境渲染得十分热闹，可谓笔墨传神：

花间一壶酒，独酌无相亲。
举杯邀明月，对影成三人。
月既不解饮，影徒随我身。
暂伴月将影，行乐须及春。
我歌月徘徊，我舞影零乱。
醒时同交欢，醉后各分散。
永结无情游，相期邈云汉。

对于川酒，李白更是不吝赞美，唐开元二十四年（736年），李白在异乡遇到友人元丹丘，一同饮用岑夫子送来的一坛蜀南泸州陈酿。素爱家乡美酒的李白，一气呵成，写就千古绝唱《将进酒》：

君不见黄河之水天上来，奔流到海不复回。
君不见高堂明镜悲白发，朝如青丝暮成雪。
人生得意须尽欢，莫使金樽空对月。
天生我材必有用，千金散尽还复来。
烹羊宰牛且为乐，会须一饮三百杯。
岑夫子，丹丘生，将进酒，杯莫停。
与君歌一曲，请君为我倾耳听。
钟鼓馔玉不足贵，但愿长醉不复醒。
古来圣贤皆寂寞，惟有饮者留其名。
陈王昔时宴平乐，斗酒十千恣欢谑。

《将进酒》 马睿书

主人何为言少钱，径须沽取对君酌。

五花马，千金裘，呼儿将出换美酒，与尔同销万古愁。

一首《将进酒》，几乎就是诗人蘸着美酒从灵魂深处迸发出来的生命宣言。《将进酒》篇幅不算长，却五音繁会，气象不凡。它笔酣墨饱，情极悲愤而作狂放，语极豪纵而又沉着。诗篇发端就是两组排比长句，如挟天风海雨般向读者迎面扑来。到“将进酒，杯莫停”，狂放之情趋于高潮，诗的旋律加快。诗人那眼花耳热的醉态跃然纸上，恍然使人如闻其高声劝酒：“岑夫子，丹丘生，将进酒，杯莫停！”既是生逢知己，又是酒逢对手。李白与酒可谓“剪不断，理还乱”，“抽刀断水水更流，举杯销愁愁更愁”（《宣州谢脁楼饯别校书叔云》）是他的无奈，“古来圣贤皆寂寞，惟有饮者留其名”是他的执着，“且乐生前一杯酒，何须身后千载名”（《行路难三首·其三》）是他的

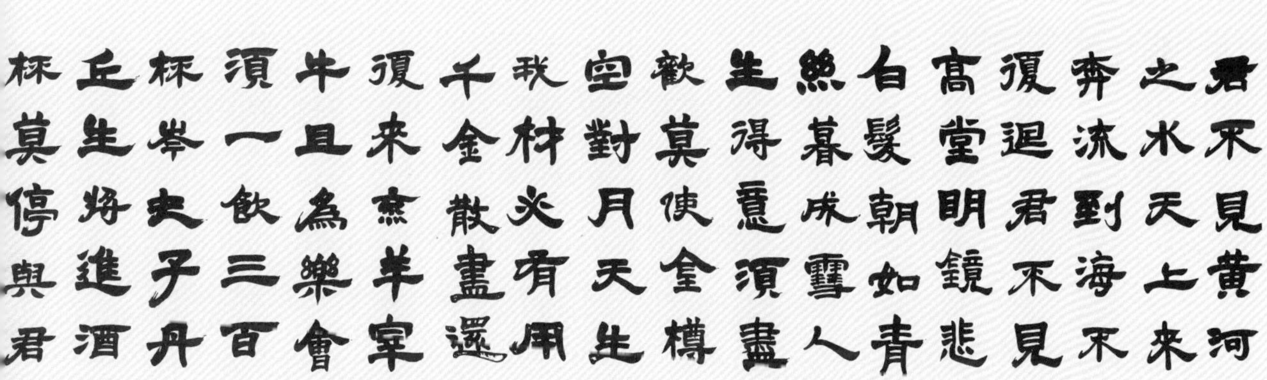

乐观。

李白爱酒是发自内心的，他的酒友既有王侯将相，也有布衣平民。李白刚从家乡到长安时举目无亲，贺知章主动与他交往，后二人成为忘年之交。贺知章去世后，李白怀念他时写道："四明有狂客，风流贺季真。长安一相见，呼我谪仙人。昔好杯中物，翻为松下尘。金龟换酒处，却忆泪沾巾。"（《对酒忆贺监二首·其一》）以此纪念贺知章有一次请他喝酒，却忘了带钱，于是用自己身上的装饰品金龟来作抵押。可见李白对贺知章"金龟换酒"的举动十分感动，始终铭记于心。李白还与一位姓纪的酿酒老师傅结下了深厚的友情，在纪老师傅去世后，李白用《哭宣城善酿纪叟》一诗来怀念他："纪叟黄泉里，还应酿老春。夜台无晓日，沽酒与何人。"这首诗没有华丽的辞藻，平实的记述中蕴含的却是李白真挚而深厚的感情。

（七）杜甫与酒

杜甫（712—770），字子美，自号少陵野老，唐代伟大的现实主义诗人，与李白合称"李杜"。杜甫在中国古典诗歌中的影响非常深远，被后人称为"诗圣"，他的诗被称为"诗史"。

杜甫半生漂泊，但无论生活如何窘迫，有两样东西总会给他带来无穷乐趣，那就是"诗"和"酒"。杜甫现存诗歌1400多首，其中说到饮酒的就有300多首，大约占到20%，这足以说明杜甫是个好酒之人。他在一首名为《壮游》的诗中自述道："往昔十四五，出游翰墨场……性

成都浣花溪公园内的杜甫雕塑 杨树摄

豪业嗜酒，嫉恶怀刚肠……饮酣视八极，俗物都茫茫……”可见他不仅好酒，而且喝了酒之后，将世间的琐事和庸俗之事都抛在脑后，显示出他的超脱与豁达。杜甫的酒龄长达40多载，晚年愈发爱酒，“朝回日日典春衣，每日江头尽醉归。酒债寻常行处有，人生七十古来稀”（《曲江二首·其二》）。他天天去典当春天穿的衣服，用换得的钱到江头买酒喝，直到喝醉了才肯回来。他到处都欠着酒债，但他认为那是寻常小事，毕竟人能够活到70岁，古来也是很少有的了。杜甫好酒，在诗句“莫思身外无穷事，且尽生前有限杯”（《绝句漫兴九首·其四》）中体现得淋漓尽致。

杜甫入蜀之后，在四川度过了一段难得的安宁时光，写下了很多关于四川美酒的诗句。川酒以其浓香甘冽深深地打动了杜甫，他在多首诗中直接写出对蜀中美酒的喜好，“蜀酒浓无敌，江鱼美可求。终思一酩酊，净扫雁池头”（《戏题寄上汉中王三首·其二》）；还写出了他寻酒的乐趣，“蜀酒禁愁得，无钱何处赊”（《草堂即事》），“走觅南邻爱酒伴，经旬出饮独空床”（《江畔独步寻花七绝句·其一》）。1000多年前，杜甫在远离喧嚣的草堂，坐在宽敞的庭院里，眼前溪水碧澄，草木葱茏，他不禁感慨：“浅把涓涓酒，深凭送此生。”（《水槛遣心二首·其二》）春天的草堂，鸥群结队飞来，杜甫打开一向紧闭的家门，迎接前来做客的贵客，可惜“盘飧市远无兼味，樽酒家贫只旧醅”（《客至》）。忽然听到来自剑门关外、官军收复冀北一带的喜讯时，正流寓梓州，过着漂泊生活的杜甫“漫卷诗书喜欲狂”，情感的闸门一下被冲开，“白日放歌须纵酒，青春作伴好还乡”（《闻官军收河南河北》）。这一刻，川酒是杜甫直抒胸臆的重要载体。

成都包家巷有一家“小花园”餐厅，门悬一对联：“鱼知丙穴由来美，酒忆郫筒不用酤。”其出自杜甫《将赴成都草堂途中有作，先寄严郑公五首》中的一首。杜甫怀着喜悦的心情，用好酒来招待好友严武。他们在成都草堂，成就了一段美酒夜话：

得归茅屋赴成都，直为文翁再剖符。
但使闾阎还揖让，敢论松竹久荒芜。

鱼知丙穴由来美，酒忆郫筒不用酤。

五马旧曾谙小径，几回书札待潜夫。

酒浓，情更浓。杜甫的诗中，是酒催生了他的平民意识与忧患意识，在酒精的烧灼下，有一种无言的彻骨之痛。他在《羌村三首·其三》中写道：

群鸡正乱叫，客至鸡斗争。

驱鸡上树木，始闻叩柴荆。

父老四五人，问我久远行。

手中各有携，倾榼浊复清。

莫辞酒味薄，黍地无人耕。

兵戈既未息，儿童尽东征。

请为父老歌，艰难愧深情。

歌罢仰天叹，四座泪纵横。

唐永泰元年（765年）四月，杜甫离开蜀中，一路乘船沿岷江南下，抵达戎州，正值戎州荔枝成熟、风景如画。在人口增长、百姓得以安稳从事农业生产的情况下，戎州的粮食产量逐年递增，为酿酒提供了物质上的必要条件。在民间，从文人到百姓，崇尚饮酒的风气日渐形成，戎州名噪一时的官酿春酒就是这一背景下的产物。这种春酒，味道香醇爽口，是一种以粮谷类为原料的发酵酒。戎州全城酒肆众多，酒味

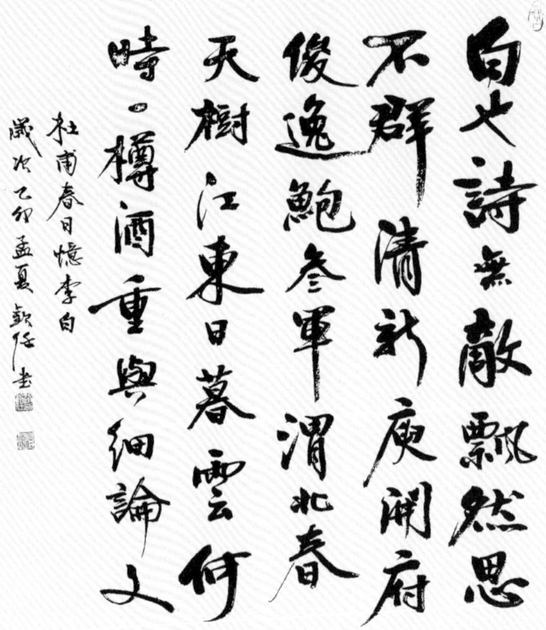

杜甫《春日忆李白》 赵钦任书

醇美、香甜，各路文人纷纷作诗夸赞。当时，杜甫在戎州稍作停留，刺史杨使君用戎州官酿泥头酒招待。此酒冬酿以泥封存，来春开封取饮，其色深碧，其味醇香。杨使君宴请的地点选在“东楼”。由于杨使君这次著名的宴会，此楼又称“杨使楼”。爱酒的杜甫喝下此酒后，大为赞叹。为感谢杨使君的盛情，他挥笔写下了《宴戎州杨使君东楼》：

胜绝惊身老，情忘发兴奇。
座从歌妓密，乐任主人为。
重碧拈春酒，轻红擘荔枝。
楼高欲愁思，横笛未休吹。

杜诗一经传唱，此酒即更名为“重碧酒”，成为宜宾五粮液的前身。当初站在戎州东楼激情赋诗的杜甫没有想到，千年之后，戎州会成为“中国酒都”宜宾，孕育出“大国浓香”的名酒五粮液。

宜宾东楼因“诗圣”杜甫曾登楼宴饮，赋诗《宴戎州杨使君东楼》而名扬天下

在今天看来，杜甫在四川的饮酒“行踪”遍布如今川酒五大产区。除成都、宜宾、泸州外，杜甫还喝到了川东北、德阳一带。唐宝应元年（762年），杜甫到射洪金华山凭吊陈子昂读书台遗迹，一时感怀，借酒抒情，题诗赞曰：“射洪春酒寒仍绿，目极伤神谁为携。”（《野望》）又至通泉，在通泉东山野亭饮酒，说“江水东流去，清樽日复斜”，饮至天晚，尚不停杯，“狂歌过于胜，得醉即为家”（《陪王侍御宴通泉东山野亭》）。以至于后人，如宋代学者王灼有“射洪春酒旧

知名，更得新诗意已倾”、清代吴陈琰有“射洪春酒美，曾记少陵诗”等句。在广汉房公湖泛舟饮酒时，杜甫写有《舟前小鹅儿》：“鹅儿黄似酒，对酒爱新鹅。”杜诗不仅记录了安史之乱前后唐朝的社会现实，也为川酒留下了珍贵的史料，让后世得以了解那湮没在历史尘埃中的美酒佳酿。

（八）薛涛与酒

薛涛（？—832），字洪度，长安（今陕西西安）人。唐朝四大女诗人之一。薛涛幼时随父薛郧仕宦入蜀，八九岁知声律，能赋诗，15岁时诗名已闻名于世。因父早逝，薛涛母女生活困顿无依，16岁的薛涛不得不加入乐籍为歌伎。贞元元年（785年），韦皋出任剑南西川节度使。在一次酒宴中，韦皋让薛涛即席赋诗，薛涛提笔而就《谒巫山庙》（一作韦庄诗），从此声名鹊起：

乱猿啼处访高唐，路入烟霞草木香。
山色未能忘宋玉，水声犹似哭襄王。
朝朝暮暮阳台下，为雨为云楚国亡。
惆怅庙前无限柳，春来空斗画眉长。

韦皋因此十分赏识薛涛，此后幕府中每有盛宴，她都成为侍宴的不二人选，甚至参与韦皋的案牍工作。薛涛不仅极富文采，而且细致认真。感觉大材小用的韦皋，拟奏请唐德宗授薛涛以秘书省校书郎官衔，从事公文撰写和典校藏书。然而，按规定，这一职务只有进士出身的人才能担任，且历史上从未有过女子担任，因此最终未能实现。不过，薛涛的名声自此传开，人们带着三分惊羡三分敬慕，称薛涛为“女校书”。薛涛在幕府生活的几年，可谓花团锦簇、明星耀眼。五代时期的何光远在《鉴诫录》中描述道：“涛每承连帅宠念，或相唱和，出入车舆，诗达四方。”不少著名诗人都与薛涛有来往，如白居易、元稹、张籍、刘禹锡、杜牧等，他们与她吟诗作对、和诗唱答，且竞相为她歌以咏之，诗以颂之。

宋人所编的《唐语林》里记载了薛涛的一件逸事。有一次黎州（今四川汉源）刺史举办宴会，提议行《千字文》令。这个酒令的令格是，取《千字文》其中一句，句中须带有禽鱼鸟兽之名。刺史率先做示范，行令说：“有虞陶唐。”估计这位大人小时候背《千字文》时不求甚解，误把“虞”当成了“鱼”。众宾客都听出了谬误，但因为是主人所为，只好掩面而笑，谁也没好意思站出来说该当罚酒。不一会儿，酒令转到了薛涛这儿，她应声说：“佐时阿衡。”这位刺史一下听出了问题，站起身激动地说道：“你这四个字里没有鱼鸟，该罚该罚！”薛涛笑着回答：“不管怎么样，我这句里‘衡’字中间还有一条小鱼，刺史大人的‘有虞陶唐’中，连条小鱼儿都没有呢。”众人再也忍不住，哄然大笑，弄得刺史大人面红耳赤，甚是尴尬。

因为薛涛名气大，人们便将一款酒冠上她的芳名，叫作“薛涛酒”。唐代诗人张籍在《成都曲》中写道：

薛涛纪念馆就位于成都望江楼公园 吴磊摄

锦江近西烟水绿，新雨山头荔枝熟。
万里桥边多酒家，游人爱向谁家宿？

据说万里桥边的这些酒家，卖的就是薛涛酒。到了清代乾隆年间，有王氏兄弟二人在成都东门外水井街大佛寺旁，开设“福升全”酒坊，继承“锦江春”酿造传统，用薛涛井中的水酿酒，沿用“薛涛酒”之名。清代诗人杨燮在《锦城竹枝词》中写道：

大佛寺前放画船，薛涛井畔汲清泉。
回船买得薛涛酒，佛作斋公我醉仙。

张问陶也写过一首《朴园属咏薛涛酒》：

人间何处薛涛笺，汲井烹茶亦惘然。
千古艳才难冷落，一杯名酒忽缠绵。
色香好领闲中味，泡影重开死后缘。
我醉更怜唐节镇，枇杷花底梦西川。

薛涛的名字化为美酒，随着浓烈的酒香，飘散在天府大地。

（九）东坡与酒

苏轼（1037—1101），字子瞻，号东坡居士，世称“苏东坡”，眉州眉山（今属四川）人。苏轼学识渊博，天资极高，诗文书画皆精，是北宋著名文学家、书画家。苏轼是豪放派词人的主要代表，“唐宋八大家”之一，与父亲苏洵、弟弟苏辙合称“三苏”。苏轼的一生曲折坎坷，却始终保持乐观、豪迈和侠义，还有一些孩子气，展现出一种“酒中仙”的做派。他沉浸于美酒的世界中，在“把盏为乐”中享受人生的悠闲自适。

在郫县，苏轼喝到了郫筒酒，写下了“所恨蜀山君未见，他年携手醉郫筒”（《次韵周邠寄〈雁荡山图〉二首·其二》）的诗句。宋熙宁九年（1076年）的中秋夜，苏轼刚赴任密州（今山东诸城）太守，妻弟王十六专程为他带来两坛自家酿的美酒。“独在异乡为异客，每逢佳节倍思亲”（《九月九日忆山东兄弟》），苏轼抬头望着那一轮中秋明月，手中举着家乡的美酒，不由得想起弟弟苏辙和家乡的亲人们，满腹思念化为千古绝唱《水调歌头·明月几时有》：

明月几时有？把酒问青天。
不知天上宫阙，今夕是何年。
我欲乘风归去，又恐琼楼玉宇，高处不胜寒。
起舞弄清影，何似在人间。
转朱阁，低绮户，照无眠。

不应有恨，何事长向别时圆？

人有悲欢离合，月有阴晴圆缺，此事古难全。

但愿人长久，千里共婵娟。

此刻，苏轼陶醉于月光美酒，对亲人的思念如潮水般涌来，他把这种感伤赋予了一轮明月，虽“此事古难全”，但仍然祝福世上所有人的亲人都能共享这美好的月光。被贬黄州（今湖北黄冈）后，苏轼虽俸禄不多，但喜交友。每当亲朋好友给他送来家乡的酒，他总要邀请好友喝酒吟诗。宋元丰五年（1082年），绵竹画家杨世昌到黄州探访苏轼，与之一道“赤壁泛舟”，消愁解闷。苏轼由此写下了千古名篇《赤壁赋》：

壬戌之秋，七月既望，苏子与客泛舟游于赤壁之下。清风徐来，水波不兴。举酒属客，诵明月之诗，歌窈窕之章。少焉，月出于东山之上，徘徊于斗牛之间。白露横江，水光接天。纵一苇之所如，凌万顷之茫然。浩浩乎如冯虚御风，而不知其所止；飘飘乎如遗世独立，羽化而登仙。

…………

他们“饮酒乐甚，扣舷而歌之”，由月夜泛舟的舒畅，到怀古伤今的悲咽，再到精神解脱的达观。他们凭吊历史人物的兴亡，感到人生短促、变动不居，因而跌入现实的苦闷；最后悟出变与不变的哲理，表现

眉山三苏祠 张忠苹摄

出旷达可观的人生态度。酒，是他们泛舟赤壁之下的重要“道具”，借酒抒怀，融情于酒，最后“客喜而笑，洗盏更酌……相与枕藉乎舟中，不知东方之既白”。

苏轼不仅好酒，还酷爱酿酒自饮。为了酿酒，他常向农夫、渔父请教，试酿过柑酒、松酒、桂酒、蜜酒等。对于蜜酒酿酒，他还专门写了文章加以记载，全文300余字，详细记录了制曲、用料、用曲、投料、原料出酒率等。他总结自己的酿酒秘诀是：“酿久者，酒醇而丰，速者反是，故吾酒三十日而成也。”苏轼自酿的酒，有文字可考的有“罗浮

苏轼《次韵王定国得晋卿酒相留夜饮》诗句："使我有名全是酒，从他作病且忘忧。" 姚子书

春""万家春""真一酒""蜜酒""桂酒""天门冬酒""中山松醪"，前三种属于黄酒，后四种是保健酒。苏轼贬谪海南居儋州期间，还酿制过天门冬酒。天门冬也名"百部草"，其根可入药，具有滋阴润肺、除火止咳之功效。苏轼以天门冬汁液为酒曲，酿制出融合天门冬药性的米酒，即天门冬酒。这酒酿得怎么样呢？据考证，应该没有他的厨艺那般神乎其技。比如，他在黄州造蜜酒，尽管他把这酒说得香甜无比，但喝了这酒的亲朋好友都拉肚子了。不过，这丝毫不影响他酿酒的热情。杨世昌在与苏轼的交往中，为其才情所倾倒，也感遇知己，遂将酿酒秘方赠予苏轼。苏轼照秘方酿出来的酒又香又浓，兴奋的他留下了《蜜酒歌》："三日开瓮香满城，快泻银瓶不须拨。"

不过，苏轼虽然是出了名的爱喝酒，酒量却不怎么样。他曾说过，生平有三件事不如别人：下棋、喝酒、唱曲。尽管酒量浅，却一点不影响他对酒的热爱：“予虽饮酒不多，然而日欲把盏为乐，殆不可一日无此君。州酿既少，官酤又恶而贵，遂不免闭户自酝。”苏轼的酒文化观主要记载在他的《浊醪有妙理赋》和《放鹤亭记》二文中。他认为，酒不过是一种外在之物，所谓罪和祸不在于酒而在于人。《放鹤亭记》中说：“周公作《酒诰》，卫武公作《抑》戒，以为荒惑败乱无若酒者；而刘伶、阮籍之徒，以此全其真而名后世。”同时，苏轼认同酒有促进艺术创作冲动和消除烦恼的作用。他在《洞庭春色》中写道：“贤王文字饮，醉笔蛟蛇走。”这也正是酒的神奇之处。

宋建中靖国元年（1101年），在北归的路上，苏轼病逝于江苏常州。而千里之外的眉山，是他魂牵梦绕了一生的故乡。隔得越远，离开越久，故乡的山水和故乡的酒，越是清晰可见。苏轼至少有100篇诗文提到了故乡，而思乡之情总是有酒相伴：“西望峨眉，长羡归飞鹤”（《醉落魄·席上呈元素》），“别后与谁同把酒”（《寄高令》）。也许在骨子里，他永远是那个随性而又快活地喝着酒的眉山少年吧。900多年后，在苏轼的家乡眉山，后人为了纪念他，将当地古法酿制的土酒命名为“东坡酒”。

（十）黄庭坚与酒

黄庭坚（1045—1105），字鲁直，号山谷道人、涪翁，洪州分宁

（今江西修水）人。北宋著名诗人、书法家，江西诗派开山之祖，与杜甫（一祖），陈师道、陈与义（三宗，黄庭坚为其中一宗）素有“一祖三宗”之称。与张耒、晁补之、秦观同游学于苏轼门下，合称“苏门四学士”；与苏轼齐名，世称“苏黄”。

黄庭坚于宋绍圣二年（1095年）被贬为涪州（今重庆涪陵）别驾，黔州（今重庆彭水）安置。宋元符元年（1098年），他移置戎州，寓居戎州南寺，自名其居所为“槁木寮”“死灰庵”，可见其心境凄凉，心如死灰。不过，黄庭坚虽然有过短暂的消沉，但他很快就振作了起来。看到戎州山川秀丽，民风淳朴，品尝到醉人美酒，黄庭坚的心胸逐渐开阔，开始积极主动地履行他的职责。黄庭坚以其渊博的学识教育当地学子，并创作了大量诗词，为宜宾的文化勃兴作出了重要贡献，影响深远。他所创作的关于酒的诗词是宋代宜宾酿酒史的珍贵资料，记录下酒名、酒色、酒味以及酒的功能等大量重要信息。

在戎州，黄庭坚品尝到了城内姚君玉家酿造的私酿“姚子雪曲”，挥笔写下《安乐泉颂并序》：

> 锁江安乐泉，水味为僰道第一。姚君玉取以酿酒，甚清而可口，又饮之令人安乐。故予兼二义，名之曰“安乐泉”，并为作颂。
>
> 姚子雪曲，杯色争玉。得汤郁郁，白云生谷。清而不薄，厚而不浊。甘而不哕，辛而不螫。老夫手风，须此晨药。眼花作颂，颠倒淡墨。

宜宾流杯池公园中的流杯池即为黄庭坚所建 曾朗摄

黄庭坚在《东坡先生真赞三首·其一》中赞道："东坡之酒，赤壁之笛，嬉笑怒骂，皆成文章。" 缪永舒书

姚子雪曲是当地名酒，酒色如雪如玉，纯净透明；酒香清洌，浓郁醇厚。姚君玉在戎州城内开设姚氏酒坊，酿酒技术了得，采用多种粮食为原料，加上当地的安乐泉水，酿成了姚子雪曲。黄庭坚形容姚子雪曲"杯色争玉""白云生谷""清而不薄，厚而不浊"。而且饮用此酒后，其"手风"（手臂上的风疾）似乎都好了不少，说明姚子雪曲有一定药用价值。姚子雪曲是五粮液的雏形，不仅使用多种粮食酿造，而且酿造用水来自戎州的地下良泉——安乐泉。千年以后，安乐泉眼存于五粮液厂区，完好无损，源泉不变。如今五粮液已经成为中国最著名的白酒之一，黄庭坚与姚子雪曲的故事也作为五粮液历史的一页，代代相传。

不仅如此，黄庭坚还为王公权家的私酿荔枝绿留下过墨宝。黄庭坚的好友廖致平家住戎州城外牛口庄，两者往来甚欢。廖致平为北宋熙宁年间进士，家有荔枝树无数，实绿而味甘。廖致平送荔枝果与黄庭坚，黄庭坚称其绿荔枝为戎州第一。在黄庭坚眼中，能与廖致平家绿荔枝并称戎州“双绝”的好物，便是王公权家的荔枝绿酒，于是他在《廖致平送绿荔支为戎州第一，王公权荔支绿酒亦为戎州第一》中写道：

王公权家荔支绿，廖致平家绿荔支。
试倾一杯重碧色，快剥千颗轻红肌。
拨醅蒲萄未足数，堆盘马乳不同时。
谁能同此胜绝味？唯有老杜东楼诗。

以酒入诗，是黄庭坚的雅兴。除此之外，黄庭坚还喜好与名士游山玩水，饮酒赋诗，留下不少饮风韵事。黄庭坚居戎州时，曾根据王羲之《兰亭集序》的意境，利用天然山谷，于催科山下凿石引水为池，曰“流杯池”。另外，宜宾的锁江石刻，也与黄庭坚有关。宋元符元年，黄庭坚书写“锁江”二字，并题“山谷”款识，随后将字刻在锁江石上，形成了今天的锁江石刻。黄庭坚的《次韵李任道晚饮锁江亭》《再次韵兼简履中南玉三首》等诗，都有关于锁江亭的记载。“锁江亭上一樽酒，山自白云江自横”和“锁江主人能致酒，愿渠久住莫终更”等诗句，见证了当年黄庭坚与锁江亭的深厚渊源。可惜的是，锁江亭今已不存，千百年来，只有锁江石刻讲诉着曾经的传奇。

（十一）陆游与酒

陆游（1125—1210），字务观，号放翁，越州山阴（今浙江绍兴）人，南宋诗人。陆游生逢北宋灭亡之际，少年时即深受家庭中爱国思想的熏陶。宋高宗时，陆游参加礼部考试，因受秦桧排斥而仕途不畅。宋孝宗即位后，赐进士出身，历任福州宁德县（今宁德市）主簿、敕令所删定官、隆兴府（今江西南昌）通判等职，因坚持抗金，屡遭主和派排斥。宋孝宗乾道五年（1169年），陆游被朝廷任为夔州（今重庆奉节县，当时属于四川管辖）通判。乾道六年（1170年）十月，陆游携家眷抵达夔州，将半年以来沿途所闻、所见及所思，撰成《入蜀记》。

入蜀途中，陆游访故人，游览山水，关注当地的风土民情，且屡屡诗中带酒。《剑门道中遇微雨》云：“衣上征尘杂酒痕，远游无处不消魂。此身合是诗人未？细雨骑驴入剑门。”陆游途经南充到汉中，南充郊区一家极为普通的道旁小酒店使他忘情不已：“记取晴明果州路，半天高柳小青楼。”（《柳林酒家小楼》）在摄嘉州政事期间，陆游特别欣赏乐山可口的佳肴美酒，写有《登荔枝楼》：“公事无多厨酿美，此身不负负嘉州。”品尝鹅黄酒时，陆游感慨：“叹息风流今未泯，两

陆游祠所在地——崇州市罨画池公园 杨武摄

川名酝避鹅黄。”（《游汉州西湖》）荣州（今自贡荣县）的琥珀酒令他沉醉：“鹅黄名酝何由得，且醉杯中琥珀红。”（《城上二首·其二》）品鉴眉州的玻璃春时，他写道：“眉州玻璨天马驹，出门已无万里涂。”（《蜀酒歌》）郫县的郫筒酒，让诗人甘愿典衣沽酒，但求一醉：“未死旧游如可继，典衣犹拟醉郫筒。”（《思蜀三首·其三》）陆游踏遍巴山蜀水，他的诗中倾注了对泸酒和江阳山水的厚爱。宋淳熙五年（1178年）四月，他来到泸州合江，写下“安得结茆地，与神永为邻”。（《夜泊合江县月中小舟谒西凉王祠》）他还登上南定楼，写下《南定楼遇急雨》，描绘泸州五方辐辏、万商云集的壮观；他在《老学庵笔记》里说“唐代蜀中士子莫不酤酒”，说明泸州酿酒生产力在唐代已达一定水平。陆游也曾在成都浣花溪畔流连忘返，饮酒高歌。晚年他忆起蜀地的生活，留下了脍炙人口的《梅花绝句六首·其二》：

当年走马锦城西，曾为梅花醉似泥。
二十里中香不断，青羊宫到浣花溪。

在蜀地的八年，是陆游一生中最跌宕起伏的岁月。在此期间，宋乾道八年（1172年），四川宣抚使王炎邀陆游入其幕府，前往南郑（今陕西汉中）抗金，这是陆游唯一一次亲历抗金前线，多年的梦想终于得以实现。然而几个月后，王炎便被朝廷调离，陆游也被调回成都，其间心情的大起大落、人生的苦楚无常，从他的一些诗中可以约略看出，如《九月一日夜读诗稿有感走笔作歌》：

四十从戎驻南郑，酣宴军中夜连日。
打球筑场一千步，阅马列厩三万匹。
华灯纵博声满楼，宝钗艳舞光照席。
琵琶弦急冰雹乱，羯鼓手匀风雨疾。

在这首诗中，诗人的意气风发、豪情万丈溢于言表。而《饭保福》中的“饱饭即知吾事了，免官初觉此身轻”则透露出其无奈、痛苦、惆怅、悲愤的心情。陆游是如何度过这段人生的艰难岁月，缓解内心的伤痛的呢？一个非常突出的现象就是陆游爱酒。但如果因此认为陆游受到打击后，便沉溺酒乡以求麻醉，便是误解了。陆游在蜀中作的饮酒歌，往往传递出的是喧嚣的战鼓声，一首《长歌行》，将他的心事描述得淋漓尽致：“兴来买尽市桥酒，大车磊落堆长瓶。哀丝豪竹助剧饮，如钜野受黄河倾。平时一滴不入口，意气顿使千人惊。”

酒，不仅是陆游在蜀中吟唱壮志难酬时的伴侣，更是抒发其矢志不渝战斗决心的不二战友。川酒的甘甜醇厚，川菜的美味可口，使得陆游回到家乡多年后还念念不忘。暮年的陆游独自对酒沉吟：“蜀州白首犹痴绝，更为梅花赋断肠。”（《岁未尽前数日偶题长句五首·其五》）蜀州即今四川崇州，陆游忘不了蜀州，忘不了那“云薄漏春晖，湖空弄夕霏”（《晚步湖上》）的罨画池；更忘不了那场“平生亭障休兵日，惨澹风云阅武天”（《蜀州大阅（八月二十七日）》）的大阅兵。陆游对四川的感情是浓烈的，四川人民也对陆游满怀崇敬之情。明洪武元年（1368年），为纪念曾任蜀州通判的陆游，在位于今四川省崇州市崇阳街道大东街罨画池内修建了陆游祠，这是除陆游家乡浙江绍兴外，全国仅有的纪念陆游的专祠。如今的崇州市罨画池博物馆中仍陈列着陆游著作、手迹及有关文物，有关陆游的书法、绘画作品100多件。

（十二）杨慎与酒

杨慎（1488—1559），字用修，号升庵，四川新都（今成都市新都区）人，明代文学家、学者，明代三才子之首，东阁大学士杨廷和之子。杨慎于明武宗正德六年（1511年）状元及第，授官翰林院修撰。他在诗文词曲上都有很高的成就，其诗沉酣六朝，揽采晚唐，创为渊博靡丽之词，造诣深厚，独立于风气之外。杨慎有著作400余种，涉及经史方志、天文地理、金石书画、音乐戏剧、民俗民族等，被后人辑为《升庵集》。

嘉靖三年（1524年），正任翰林院修撰的杨慎，因议“大礼”事获罪，谪戍云南永昌。杨慎到达云南以后，并没有因为被谪戍而消沉，而是经常四处游历，体察民风民情，还时常咏诗作文，以抒其怀。杨慎在云南度过了30余年，足迹几乎遍布云南，每到一地都要与当地的读书人谈诗论道，留下了大量诗篇。在放逐生涯中，他先后七次回川，“往复滇云十四回”，路过泸州十五次。他最具代表性的作品《廿一史弹词·临江仙》的初稿便写于泸州，灵感生于泸州码头，此词傲岸沉雄，气逼山河：

滚滚长江东逝水，浪花淘尽英雄。
是非成败转头空。
青山依旧在，几度夕阳红。
白发渔樵江渚上，惯看秋月春风。
一壶浊酒喜相逢。
古今多少事，都付笑谈中。

后来，杨慎又创作了收篇词《西江月》与之相呼应：

落日西飞滚滚，大江东去滔滔。
夜来今日又明朝。
蓦地青春过了。
千古风流人物，一时多少英豪。
龙争虎斗漫劬劳，落得一场谈笑。

这些诗、情与酒，随着时光轮转融入了长江之水，滚滚东去，飘荡在中华文山书海的最高峰，难分彼此。

明代的泸州已经酿造出遐迩闻名的浓香型白酒，不过杨慎更喜欢传统的酒，本地人称为“醪糟酒”，也就是杨慎词中所谓的“浊酒”。浊酒既便宜又随处可见，秋冬之际老友相逢，温酒相谈，开怀畅饮，亦是人生一大快事。他在《哀祭江阳文士翁士章》一诗中云：“领役江阳幸识君，相逢萍水结诗情。三杯浊酒酬魁狱，一曲蒿歌慰死生。”也曾因“孟秋约饮北岩，客不至”而成诗曰：“醉乡不见二豪至，苏门竟成孤啸还。”（《孟秋北岩招提即事》）还在《北岩饮客》一诗中云：“独饮殊寥落，因君寄一欢。”所以他才会写出“一壶浊酒喜相逢”，才会享受“玉壶美酒开华宴，团扇熏风坐午凉”（《咏江阳八景送客还滇南·荔林书锦》），才会感叹“江阳酒熟花如锦，别后何人共醉狂”（《寒夕与简西峃小酌话别》）……当时泸州的酒业规模已然具备，酒楼、酒肆遍地皆是。杨升庵对这成熟的酒业颇为赞叹：“花骢小市频频过，落日凝光缓缓归。”诗中所描述的人是他的表弟韩适甫。杨升庵形容表弟整天去“小市”喝酒，直到太阳下山之际才陶然而归。冬日水落，江上就要修葺浮桥，浮桥上，酒香扑面，美女如云。杨升庵赋就《喜浮桥成》绝句：“腊尾江头绽早梅，浮梁银汉亘昭

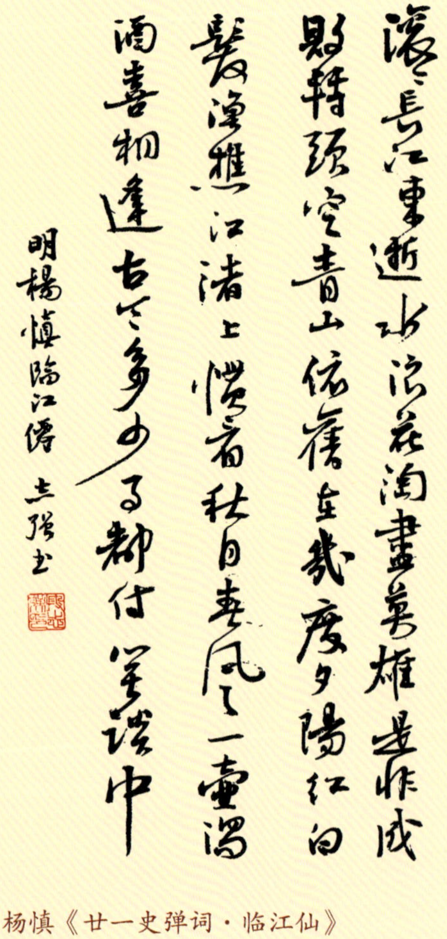

杨慎《廿一史弹词·临江仙》段志强书

回。不须桂楫迎桃叶，步步金莲夜夜来。”除了充满烟火气的小市，南定楼也是当时文人墨客喜爱的把酒之地，杨升庵自然也是那里的常客，他在《病中秋怀·其三》中写道：

南定楼前碧草春，荔枝林下少埃尘。
三泸名号讹千古，二水沱岷会两津。
青箬海商船舫集，红妆营妓管弦新。
多情莫悔登临数，良夜何妨秉烛频。

泸州酒特有的浓醇香辣，就如一团火般点燃了杨慎的狂放与落寞。相传，杨慎曾到过今泸州江阳区黄舣镇观音寺村，村里有几个好学但家境贫寒的山民拜他为师，经常备好美酒，邀他来村一游。他们在竹篱茅舍中开怀畅饮，互赠诗词。某年春暖花开时节，杨慎再次受邀来到观音寺村。酒过三巡，一个张姓山民趁着酒兴起身，用浑厚的嗓音吟咏道：“泸州龙泉井，流出一池香。朋友相邀约，荡舟长江上。”随后，一个赵姓山民也端起了酒杯，喝了一大口酒，并高声念道：“天上吴刚下凡来，泸州大曲最是好。入口醇香回味长，苍茫大地任逍遥。”面对这样的山歌式吟咏，阅人无数的杨慎反倒觉得颇有一番勃勃山野生气。他诗意在胸，随口缓缓吟出：

黄舣农户友情真，待我殷勤胜上宾。
美酒一壶来招我，茅舍处处有亲人。

在泸州，杨慎饮酒、登高、交友，数载一晃即逝，离开泸州后不久，他便与世长辞。在他的坎坷人生中，毫无疑问，泸州就是他心底一方归隐托梦的桃花源。杨慎深爱泸州百姓，他念着泸州的山水、泸州的荔枝、泸州的美酒。

（十三）张问陶与酒

张问陶（1764—1814），字仲冶，号船山，四川遂宁人，清代著名诗人，著有《船山诗草》，收录了3000余首诗。张问陶与袁枚、赵翼合称清代“性灵派三大家”，与彭端淑、李调元合称“清代蜀中三才子”，被誉为“青莲再世”、“少陵复出”、清代“蜀中诗人之冠”。张问陶20多年的仕宦生涯中，没有大的升迁，较长时间任职于翰林院检讨。翰林院是清冷官署，检讨是从七品官，薪俸不丰。他家境贫寒，“最怜天万里，忍冻索羊裘”（《二十日得舍弟寿门书·其一》）。到后来连奴仆也相继告假辞去，真是“家事乱如毛，棼然失所操”（《二十日得舍弟寿门书·其三》）。在时运不济时，张问陶只好放纵诗酒，求得解脱。在京师同僚中，他结交了一批志性高洁、狂放不羁的文士，如洪亮吉、张莳塘、石韫玉等；与大诗人洪亮吉为忘年之交。他们或通宵狂饮，或醉后驱车，达旦不寐，“共把长空当诗屋”（《稚存闻余将乞假还山作两生行赠别醉后倚歌而和之（庚戌）》）。

张问陶嗜酒成癖，留下许多题酒名篇。在成都，他有《饮酒诗十篇和稚存》，抒写他对蜀酒的酷爱：“不泛百花潭，不登峨眉山。忘情到山水，更比闲人闲……诗卷飞海外，朝衣醉田间……我生三十年，年年游醉乡。不知百年中，当倾几万觞。”在喝了薛涛酒后，张问陶赋诗《朴园属咏薛涛酒》。朋友送来家酿美酒，他写下《汉州张忆堂赠家酿曰海棠春口占志谢》：“碧鸡坊里苦吟身，金雁桥边送酒人。艳色名香何处有，乡心沉醉海棠春。”乾隆五十九年（1794年）冬，张问陶偕家人从成都由水路进京任职。经过宜宾，他写下“船窗白击泥头酒，味谏轩南为少留”（《腊八日过叙州二首·其一》）。到了泸州后，他写下脍炙人口的《泸州三首》：

其一

城下人家水上城，酒楼红处一江明。
衔杯却爱泸州好，十指寒香给客橙。

其二

旃檀风过一船香，处处楼台架石梁。
小李将军金碧画，零星摹出古江阳。

其三

滩平山远人潇洒，酒绿灯红水蔚蓝。
只少风帆三五叠，更余何处让江南。

“禁愁凭蜀酒，扶醉一开颜”（《晓泊泸州》）也是张问陶在泸州写下的诗句，足见当时世人对川酒的高度认同。在京任职期间，张问陶仍念念不忘家乡美酒，还想“归欤好买成都酒，唤取当垆典鹔鹴”（《念故山》）。

二、四川佐酒仪范

四川的饮酒文化源远流长，是中华文化不可分割的一部分。宝墩古城遗址、三星堆遗址、金沙遗址出土的文物显示，古蜀人的生活与酒息息相关，日常生活、祭祀活动等都离不开酒。酒作为社交的媒介，在四川诞生了不少与之相关的故事。在酒桌的礼仪上，川人随性而不随意；在饮酒习俗上，四川各民族的饮酒习俗丰富多彩。酒，是川人生活中不可或缺的一部分，它不仅是一种饮品，更是一种文化象征，渗透到川人社会生活的方方面面。

四川还是一个多民族聚居地，境内有彝族、藏族、羌族、苗族、回族、蒙古族、土家族、傈僳族、满族、纳西族等55个少数民族，有全国最大的彝族聚居区、第二大藏族聚居区和唯一的羌族聚居区。各个民族在生产生活的过程中不仅形成了不同的酿酒工艺，酒俗、酒礼以及与酒相关的民间歌舞等也迥然不同，酒文化深刻融入了各民族的风俗当中，使得川酒更加绚丽多姿。

（一）古老祭祀

祭祀在古代是国家的头等大事，古人认为，祭祀关系着国家的祸福与兴衰，有着非同一般的意义。自远古以来，酒便是祭祀时的必备用品之一。

据《华阳国志·蜀志》记载，古蜀国到鳖灵之后，“九世有开明帝，始立宗庙。以酒曰醴”。这里特别指出“以酒曰醴”，说明酒在古蜀国宗庙祭祀活动中的重要性。巴蜀地区的考古发现也证明，当时已有庞大的宗教祭祀场所，有祭师、巫师等神职人员，有神祇体系和偶像崇拜，还有青铜酒具。在民间，远古巴蜀曾有巫术等活动为众生求医、祈福、占卜等，每当这时，他们都需饮酒使自己处于迷醉状态，以便与“天神”交接。

（二）饮酒习俗

随着酿酒业的普遍兴起，酒渐渐成为人们日常生活中的常见之物，酒事活动也随之广泛进行，并逐渐程式化，形成了比较系统的饮酒风俗习惯。这些风俗习惯形式活泼、丰富多彩，涉及人们生产生活的方方面面。

在四川的民风民俗中，正月里，亲朋相聚要喝“春酒”，古人认为春节前后“地气已贯通”，是酿酒饮酒的好时节。《诗经》中就有“为此春酒，以介眉寿”的诗句，后来，人们便经常以“春”为酒名。饮春酒除了表达欢庆佳节之意，还有驱除恶秽、保佑长寿的作用。三四月农忙开始，要喝“栽秧酒”。清嘉庆年间，绵竹诗人李德扬写了一首反映古时绵竹栽秧习俗的诗：“半年砚亩苦辛尝，分饷难豚例合当。老圃老农容我学，课晴课雨替他忙。愿祈禹甸禾千亩，乐醉豳风酒一觞。耽听田歌斜照立，飘萧襟袂任疏狂。”每年栽秧时节，主人家为了抢时间，都要请人帮忙栽秧，这就必定要请人吃栽秧酒。届时，主人将准备好的菜肴端出来盛情招待栽秧者，场面非常热闹，旧时农村喝栽秧酒的隆重程度仅次于春节。五月端午节，家家户户要喝“雄黄酒”——用研成粉末的雄黄泡制的白酒或黄酒，这一习俗在长江流域地区尤为盛行。端午这一天，人们要聚在一起喝雄黄酒，如有未到喝酒年龄的小孩子，大人则会在他们的额头、耳鼻、手足心等处涂抹上雄黄酒，意在消毒防病，虫豸不叮。七、八月农家夏收，要喝“开镰酒”和“收镰酒”。“九月九，醪糟酒”的习俗更是家喻户晓。十月的“丰收酒”、腊月的“祭灶酒”都很重要，除夕的“团年酒”“守岁酒”，更是一年中必不可少的。此外，四川还有“乡饮”等一方文教盛事。据《射洪县志》载：“凡京府及直省府州县，岁正月十五、十月一日于儒学行乡饮酒。”每年农历正月十五和十月初一的“乡饮”，县府黎明时便杀猪宰羊，在明礼堂内置办丰盛的酒宴。民众把治家有方、内睦宗族、外和乡里、义举社会、有崇高社会威望之人推荐为“乡饮大宾”，县府每年从财政支出十两官银用于举办“乡饮”活动，以弘扬其风节，彰显社会和谐，其声势犹如清代康乾盛世时在皇宫举办的千叟宴一般浩大。

阆中古城过春节 王玉贵摄

（三）饮酒文化

中国的酒文化，涉及仁义礼智信、温良恭俭让、忠孝廉耻勇，一直以来，酒文化强调的是喝酒有量、张弛有度，是敬老尊贤、兄友弟恭，虽彼此亲密但又不失尊重。当川酒与川人的日常生活结合，饮酒成为川人的一种生活方式，独属于川人的饮酒文化也就此形成。四川的酒文化有着丰富的酒德传统，饮酒过程中，人们往往注重自己的言谈举止，遵守礼仪，不醉不乱，不过度饮酒。“随意”，是川人在酒桌上常说的，既体现了礼貌与礼仪之风、亲情友情和情感表达，也体现了德行和修养。

随着喝酒主力人群的年龄迭代，如今80后已超过70后成为消费主力，90后的加入则让四川的饮酒文化更加多元。自由、随性、自主、快乐的特性，让川人饮酒更注重“品”，而不是“喝”。四川省社会科学院教授、博士生导师李后强曾在《中国白酒的历史转折——由“喝酒文化”转向“品酒文明”》一文中写道，“品”是要有足够的时间和情调的，而“喝”更多的是为了社交和生活需要；或者说，“品”更加追求精神上的享受，注重的是酒的文化底蕴、口感韵味，而“喝”更加接地气，更多的是对感情的表白和对生活的追求。喝酒时代即将过去，品酒时代已经到来。中国白酒面临历史性的转折——“喝酒文化”转向“品酒文明”，随之而来的是品质提升、产量下降、优势集中、价格回落、香型弱化、产区凸显、浓度下调、情调彰显，“马太效应”更加突出。由“喝酒”转向“品酒”，推动感性转向理性，数量转向质量，回归科学、回归真情、回归善意、回归健康，有助于树立正常的饮酒风气，同时衍生出“新型诉求”——品味诉求、品质诉求、品格诉求、品牌诉求、健康诉求。

（四）助兴酒令

佐酒助兴的酒令，也是一种富有中国特色的酒文化。饮酒行令，不光要以酒助兴，有下酒物，而且往往伴之以赋诗填词、猜谜行拳之举，它需要行酒令者敏捷机智，有文采和才华。因此，饮酒行令既是古人好客的传统表现，又是他们饮酒艺术与聪明才智的结晶。

蜀地饮酒时的助兴取乐之法五花八门，岷江地域酒令尤为有趣。比如，江北流杯池之“流觞酬唱”，饮者围坐在曲水池旁，置杯酒于池中，杯子顺流而下，如果停在哪一位面前，这位就要举杯饮酒，并赋诗一首，如果作不了诗，就要罚酒一杯，然后游戏重新开始。平民百姓行酒令又与文人雅士有所不同，往往采用一些既简单又不需作任何准备的行令方式。比较通俗的酒令，有掷色子、敲棒棒（筷子）、猜谜语、击鼓传花、划拳等。而岷江地域的酒令习俗，以划拳为主。划拳是在两人之间进行，挑战者可在酒席上自行找对手，或同在座的每个人划拳若干次。划拳开始，双方先喊客套话，等于说“预备”。一般客套话是“请酒请哈”，同辈的多喊“四季财哈”“弟兄亲哈”，也可随机应变，喊些有趣的话，如“乱就乱哈”。喊完引言即开始，每人出一拳，同时伸出手指，并喊出诸如“一心敬你、二红喜、三结义、四季财、五魁手、六为高、七个巧、八仙山、九长春、十（实）在好”等吉语数字。所喊之数是二人所伸手指数之和者便胜，负者喝罚酒。酒令，亦庄亦谐，有简有繁，融风俗人情、历史典故、节令时令于其中，颇具文学色彩和人生哲理。击鼓传花则是一种既热闹又紧张的群体行酒令方式。在酒宴上宾客依次坐定位置，由一人击鼓。那人开始击鼓时，花束就在其他人手中依次传递，鼓声一落，手拿花束的人就得饮酒。如果花束正好在两人手中，则采用划拳或其他方式决定胜负。

（五）酒桌礼仪

中国人酒桌上的礼仪非常多，流传至今，仍有很多必须遵循的基本酒礼。

四川喝酒一般是用分酒器配小酒杯，分酒器基本在100毫升左右，酒杯10毫升左右，大概十杯酒就是一壶（分酒器）。在四川，酒量不好可以随时停止，可以改喝水或者饮料。所以，和川人饮酒是轻松愉快的。

在四川，酒桌上的礼仪也十分讲究。以组织一场酒局为例，既要确定规格和时间，又要谋划范围和对象。酒局上的酒与菜也十分重要，上什么酒点什么菜，往往会征求被请者的意见，如果被请者没有提出具体要求，那么特色招牌菜是不错的选择。在川人的酒桌上，白酒多以川酒为主。和亲朋好友聚在一起享用美食和美酒时，川人随性但不随意。在

理塘藏历新年文艺汇演 叶强平摄

四川的酒桌上，人们可以感受到浓厚的人情味。主人或长辈倒的酒，客人应该立刻接过并喝下，以示尊重。客人也要主动向主人或其他长辈敬酒，以表达对对方的尊重和感激之情。敬酒时，要用右手拿着酒杯，左手托住右肘，微微弯腰，显得诚恳有礼。川人还喜欢用一些俏皮的话语来劝酒，这样的互动会让酒桌上的气氛更热闹有趣。酒毕离席，客人再次向主人表示感谢，主人也会送客至门口。四川酒桌礼仪丰富，此处便不尽赘述。

凉山彝族火把节 李小平摄

（六）民族酒礼

四川是一个多民族聚居地，从古至今，四川各民族酿酒饮酒，形成了自成体系的酒事活动。如遇“火把节”“三月三”“沐浴节”等民族节日，各族人民更是盛装打扮，热闹大庆，且有美酒为伴。

藏族有着悠久的历史和灿烂的文化，早在1000多年前便已经开始酿酒，在漫长的历史进程中，形成了独特的藏族酒文化。藏族人仁爱、礼貌、节俭的美德，让他们普遍形成喜欢饮酒，但不酗酒的习惯。在大多数藏族地区，如果平时有客人，敬茶不敬酒，但逢年过节和遇上喜庆之事时，则必须以酒招待客人。敬酒的时候，主人要先斟满一杯酒，捧献于客前，客人双手接过后，必须先喝三口，但不能喝干；等主人再斟满后，客人才可一口喝干。此后，客人有酒量的继续喝，无酒量的可以不再喝，主人也不强劝。四川的嘉绒藏族比较特别，他们平时对进屋的客人先敬一壶酒，随后把食物用盘奉上，一客一份。阿坝黑水地区的藏族，凡是见到熟人从门前经过必须请进屋内敬一碗酒，若客人坚持不进屋，主人则会将酒拿到路边请客人饮用，以示慰劳。在甘孜州，藏族群众喜饮青稞酒。每酿新酒，必先敬神，然后依序向家中长者敬酒，之后家人才会畅饮。节庆聚会时亦须先敬长者，然后按顺时针方向依次敬酒。敬酒时，特别是对长者，应用双手将酒杯举过头顶。而接受敬酒的人，要先用双手接过酒杯，然后左手拿杯，右手无名指轻轻地在杯中蘸酒，弹向空中，如此反复三次。饮酒方式也特别讲究，要遵循“三口一杯”的古制，不可一饮而尽。弹酒敬神后，先饮一口酒，再由敬酒者续满酒杯，受酒者再饮一口，如此三番。在第三次斟满酒后，受酒者方可举杯一饮而尽，滴酒不剩。如招待宾客，向他人敬酒时，一般要唱敬酒歌。敬酒时，通常是敬酒者斟满杯中的酒，走到宾客前开始唱歌，唱到一半时，再将酒杯敬上，唱完酒歌再行弹酒仪式并饮酒。能歌善舞的民族，大多有祝酒歌，在酒席上劝酒、助兴、抒情，边唱边跳，尽显宾主个性，往往将酒席气氛推向高潮。藏族人民热情好客、和睦友善的风尚，在这些酒俗中得到充分展现。

彝族的饮酒习俗有“转转酒”，即不分生人熟人，不分地点场合，大家席地而坐，围成圆圈，依次轮流饮酒。彝族人喝酒时常常是“有酒便是宴”，故有饮酒不用菜的习惯。彝族传统上基本每家都酿酒。家中酿造的第一杯酒敬神，第二杯酒则要敬家中老人，晚辈不得先喝。凉山彝族聚饮时，根据辈分高低、年龄大小的次序先后摆杯斟酒。先由年轻人给老人敬酒，敬酒者要双手捧杯，右脚往前跨出一大步，弯腰躬身，头向左偏，不能直视被敬者。老人回敬后，年轻人便起身，将酒一饮而尽，否则视为不敬。敬酒献客时，必须由老人或长辈开始，彝族常说“酒是老年人的，肉是年轻人的”，传统规矩是“耕地由下而上，端酒从上而下”。到彝胞家做客，主人会先捧上一碗或一杯酒献客，如果客人是汉族，主人会说：“汉人贵在茶，彝胞贵在酒。”客人可以根据自己的酒量随意饮酒，主人会很高兴地立刻“打羊”或杀小猪来待客。

羌族酿酒的历史也十分悠久。每逢节日、婚丧、祭祀、聚会、待客或换工劳动，除了准备丰盛的饭菜，还必须备美酒。羌族人结婚时要吃“做酒”，宴客时要吃“喝酒”。羌族民间还有“重阳酒”“玉麦蒸蒸酒”等，其中，重阳酒需要贮存一年以上才能饮用。因贮存时间较长，酒呈紫红色，酒醇味香。除此之外，羌族人也饮白酒，妇女们常饮加了蜂蜜的甜酒。羌族结婚操办喜事时，新郎要陪新娘回娘家，娘家必须备好“回门酒”，亲友要对新婚夫妇馈赠礼物，并致辞祝福。在汶川、茂县、理县一带，男方相中某位姑娘后，请媒人去女方家说亲，如果女方应允，则先吃“小订酒”，双方就算初步定下婚事。一段时间后，男方会择吉日到女方家备办酒席，招待亲友。羌族人还很看重饮咂酒，开饮前要先致开坛词，且仪式必须在神台或火塘的上方举行，随后，按年岁辈分每人依次用竹管吸一口咂酒，称为吃“排子酒”。吃完“排子酒”，就开始互相轮流敬酒，被敬者没有容器，只用竹管插入坛内欢饮，这叫“吃敬酒”。

四川各民族的饮酒习俗丰富多彩，这些饮酒习俗不仅丰富了当地的民俗文化，也成为连接各族人民情感的桥梁。

附　录

川酒“六朵金花”企业

四川省宜宾五粮液集团有限公司	泸州老窖股份有限责任公司
四川剑南春（集团）有限责任公司	四川郎酒集团有限责任公司
舍得酒业股份有限公司	四川水井坊股份有限公司

川酒“十朵小金花”企业

四川绵阳丰谷酒业有限责任公司	四川省文君酒厂有限责任公司
四川泸州三溪酒类（集团）有限责任公司	四川省古川酒业有限公司
四川远鸿小角楼酒业有限公司	四川省宜宾市叙府酒业股份有限公司
四川江口醇酒业（集团）有限公司	四川省仙潭酒业集团有限责任公司
四川广汉金雁酒业有限公司	玉蝉集团有限公司

“四川省原酒生产20强”企业

（名单由四川省经济和信息化厅提供）

四川省酒业集团有限责任公司	宜宾市南溪区今良造酿酒有限公司
泸州巴蜀液酒业（集团）有限公司	四川凸酒酒业有限公司
四川省宜宾市长兴酒业有限公司	四川省绵竹东圣酒厂有限公司
成都市顺牛酒业有限责任公司	宜府春酒业集团有限公司
四川省宜宾高洲酒业有限责任公司	四川省宜宾竹海酒业有限责任公司
成都蜀之源酒业有限公司	泸州国之荣耀酒业有限公司
泸州蜀泸酒业有限公司	宜宾金喜来酒业有限公司
古蔺金美酒业有限公司	四川省文君井酒业集团有限公司
宜宾南溪酒业有限公司	四川桂康酒业集团有限公司
四川省宜宾永乐古窖酒业有限公司（红楼梦）	四川省渔樵（集团）有限公司

四川省酒类国家级非物质文化遗产（代表性项目）名录

序号	项目编号	项目名称	项目类别	公布批次	公布时间（年）	保护单位	申报地区或单位
1	Ⅷ-58	泸州老窖酒酿制技艺	传统技艺	第一批	2006	泸州老窖股份有限公司	泸州市
2	Ⅷ-144	蒸馏酒传统酿造技艺（五粮液酒传统酿造技艺）	传统技艺	第二批	2008	四川省宜宾五粮液集团有限公司	宜宾市
3	Ⅷ-144	蒸馏酒传统酿造技艺（水井坊酒传统酿造技艺）	传统技艺	第二批	2008	水井坊股份有限公司	成都市
4	Ⅷ-144	蒸馏酒传统酿造技艺（剑南春酒传统酿造技艺）	传统技艺	第二批	2008	四川剑南春（集团）有限责任公司	绵竹市
5	Ⅷ-144	蒸馏酒传统酿造技艺（古蔺郎酒传统酿造技艺）	传统技艺	第二批	2008	四川省古蔺郎酒厂有限公司	泸州市古蔺县
6	Ⅷ-144	蒸馏酒传统酿造技艺（沱牌曲酒传统酿造技艺）	传统技艺	第二批	2008	舍得酒业股份有限公司	遂宁市射洪县

中国酿酒大师

“中国酿酒大师”评选由中国轻工业联合会和中国酒业协会主办，是为推动酿酒事业发展和人才队伍建设而设立的行业人才最高荣誉。中国酿酒大师评选始于2007年，首届共评出32位中国酿酒大师；2011年，在第二届中国酿酒大师评选中，43名酿酒专家荣获“中国酿酒大师”称号；2023年，41位酿酒大师荣获第三届“中国酿酒大师”称号。四川获得“中国酿酒大师”称号的人员如下：

第一届	张　良　泸州老窖股份有限公司 徐占成　四川剑南春（集团）有限责任公司 沈才洪　泸州老窖股份有限公司 谢义贵　四川剑南春（集团）有限责任公司 李家顺　四川沱牌集团有限公司 赖登燡　四川成都水井坊有限公司
第二届	张宿义　泸州老窖集团有限责任公司 李家民　四川沱牌集团有限公司 黄建勇　四川水井坊股份有限公司 蒋英丽　四川郎酒集团有限责任公司 赵　东　四川省宜宾五粮液集团有限公司 孙庆文　成都长城川兴酒业有限公司
第三届	刘　明　宜宾五粮液股份有限公司 刘　淼　泸州老窖股份有限公司 何　诚　泸州老窖股份有限公司 沈　毅　四川郎酒股份有限公司 徐姿静　四川剑南春（集团）有限责任公司 曹鸿英　四川省宜宾五粮液集团有限公司

川酒大事记（1949—2024年）

1949年

⊙ 中华人民共和国成立后，四川各地传统烧坊相继合并，成立国营酒厂，白酒行业建立了从家庭酒坊到工厂化的新模式，开启了白酒工业化的新时代。五粮液、泸州老窖等一大批川酒开启发展新征程。

1952年

⊙ 第一届全国评酒会在北京举行，评选出了中国最早的四大名酒，四川泸州老窖大曲位列其中，其他三大名酒分别是茅台酒、汾酒、西凤酒。它们分别是浓、酱、清、凤香型的代表作品，为后来的香型细分奠定了基础。泸州老窖大曲在第一届全国评酒会上荣获“全国名酒”称号。

1955年

⊙ 全国供应会在北京西苑大旅社召开，在计划经济的背景下，有组织地开展第三类商品的交流活动。这被公认为全国糖酒会的开端。

1956年

⊙ 国家食品工业部组织全国大曲酒内部质量鉴定，五粮液获品评第一名。

1957年

⊙ 中央食品工业部制酒局指示四川糖酒工业科学研究室陈茂椿、熊子书带队在泸州老窖进行试点，对泸州老窖大曲酒酿造工艺进行探究。这次试点是新中国历史上第一次对名白酒的技术、工艺方法进行详细查定总结，对推动中国白酒的发展具有重大意义。

1959年

⊙ 由几家古传酿酒作坊联合组建而成的中国专卖公司四川省宜宾酒厂正式改名为“宜宾五粮液酒厂”。从此，这家拥有庞大规模的酒厂在中国白酒的历史上留下了浓重的笔墨。

⊙ 根据试点研究成果，泸州老窖编写出版了新中国第一本白酒酿造专业教科书《泸州老窖大曲酒》，该书的出版规范了全国泸香型（浓香型）白酒的生产工艺，具有开创性的意义。

1963年

⊙ 第二届全国评酒会在北京举行，并首次制定了评酒规则。包括五粮液、泸州老窖特曲、全兴大曲在内的四川名酒，与茅台酒、古井贡酒、西凤酒、汾酒、董酒一起被评为“八大名酒”。

1964年

⊙ 名酒厂推进试点工作。为了推动白酒行业的发展，酿酒专家周恒刚带队，对泸州老窖、汾酒、茅台酒进行试点，此次试点开创了对白酒香味成分剖析的探讨。

1979年

⊙ 第三届全国评酒会在大连举行，共评出了8种名酒：五粮液、茅台、汾酒、泸州老窖特曲、剑南春、古井贡酒、洋河大曲、董酒。川酒独占三席。

1981年

⊙ 国家颁发了国家标准《蒸馏酒及配制酒卫生标准》（GB 2757—1981）。至此，白酒被重新定义。这一全新的卫生标准，让白酒焕发出了新的生机，行业更加规范。

1984年

⊙ 第四届全国评酒会在太原举行，评出13种名酒：川酒五粮液、剑南春、泸州老窖特曲、全兴大曲、郎酒，以及茅台酒、汾酒、洋河大曲、古井贡酒、董酒、西凤酒、双沟大曲、特制黄鹤楼酒纷纷入选。

1987年

⊙ 9月1日—5日，中国第一个名酒节在酒城泸州举行，共吸引各界宾客7000多人。其间举办了"酒城重阳文学奖"和"酒城重阳音乐会"。

⊙ 同年，成都首次与全国糖酒会"牵手"，成功举办第36届春季全国糖酒会，销售额突破30亿元。从此，糖酒会与成都共同发展，在成都留下了多个高光时刻。

1988年

⊙ 7月28日，经国务院批准，全国放开了13种名酒价格，实行市场调节，并适当提高了部分粮食酒价格。《价格月刊》1988年8月的数据显示，价格开放后，五粮液在全国各地的售价区间为70～150元/500g，而在此之前，五粮液的售价约为90元/500g。提价后，五粮液与茅台酒成为价格开放的十三大名酒中仅有的两款售价突破百元的品牌。

⊙ 同年，成都举办第38届春季全国糖酒会，成交额突破40亿元。

1989年

⊙ 第五届全国评酒会在安徽合肥举行，由食品工业协会主办，共评出十七种名酒：五粮液、茅台酒、汾酒、洋河大曲、剑南春、古井贡酒、董酒、西凤酒、泸州老窖特曲、全兴大曲、双沟大曲、特制黄鹤楼酒、郎酒、武陵酒、宝丰酒、宋河粮液、沱牌曲酒。川酒占六席。

⊙ 此后，全国糖酒会都由中国糖业酒类公司主办，在成都举行的第41届秋季全国糖酒会上，遂州酒创下了5万吨订单、市场价值1.44亿元的销售业绩。

1990年

⊙ 五粮液荣获首届中国“十大驰名商标”和“全国质量管理奖”。（其后又于2003年荣获“全国质量管理奖”，2011年、2021年荣获“全国质量奖”，成为行业唯一四获中国质量管理最高奖项的企业；也是2023年唯一入围第五届中国质量奖提名奖候选名单的酒企）

1991年

⊙ 在成都举行的第45届秋季全国糖酒会上，四川省总销售额高达5.5亿元，居全国第二；其中酒类销售额4.93亿元，居全国首位。

1994年

⊙ 5月，泸州老窖酒厂改组设立的泸州老窖股份有限公司挂牌上市。

⊙ 在成都举行的第50届春季全国糖酒会首次突破百亿元销售大关，其中酒类销售额占了重要比例。

⊙ 五粮液、尖庄在日本东京国际名酒博览会上获特别金奖。

⊙ 沱牌曲酒被认定为“中国名牌产品”。

1995年

⊙ 五粮液在第十三届巴拿马国际食品博览会上再获金奖，并被第五十届世界统计大会评为“中国酒业大王”。

1996年

⊙ 5月24日，四川沱牌曲酒股份有限公司在上海证券交易所挂牌上市，成为白酒行业第三家上市公司。

⊙ 12月，经国务院批准，泸州老窖股份有限公司拥有的始建于1573年、连续使用至今、原址原貌保护完整的“1573国宝窖池群”成为行业首家“全国重点文物保护单位”。

1998年

⊙ 4月，五粮液酒厂改制为五粮液集团公司和五粮液股份公司。

⊙ 8月，全兴集团改造生产车间时，发现了白酒历史上迄今最古老的元代水井街酒坊遗址。

1999年

⊙ 9月9日，在第二届中国四川名酒文化节暨第九届中国泸州国际名酒节上，泸州老窖公司隆重举行“国窖1573”的“出酒大典”，首批白酒分装成1999瓶，就此“国窖1573”正式面世。“国窖1573”的诞生，拉开了名酒向高端酒升级的序幕。

⊙ 剑南春被国家工商行政管理总局认定为“中国驰名商标”。

⊙ 39度酱香型郎酒被国家质量技术监督局、全国标准样品技术委员会认定为国家酱香型低度白酒标准样酒。

2000年

⊙ 10月，第三届中国四川名酒文化节暨第二届成都商品交易博览会在成都举行。

2001年

⊙ 在成都举办的第64届春季全国糖酒会上，五粮液作出战略调整，将“普五”纳入战略制高点打造。

2003年

⊙ 4月—11月，四川省文物考古研究院和德阳市文物考古研究所对剑南春“天益老号”酒坊遗址及酒坊西南侧进行了考古勘探和发掘，清理出土一大批和白酒酿造工艺密切相关的遗迹现象，初步了解到酒坊群布局配套设施齐备、遗迹保存完整，具有重要的科学价值。

2004年

⊙ 在成都举办的第70届春季全国糖酒会参会人次将近12万，总成交108亿元。

⊙ “天益老号”酒坊遗址入选“2004年度中国十大考古新发现”。

⊙ 泸州老窖股份有限公司《国窖酒生产工艺研究》荣获“四川省科学技术进步奖一等奖”，是行业首个省级科学技术进步奖一等奖，被誉为“行业首枚科技金牌”。

2005年

⊙ 在成都举办的第72届春季全国糖酒会设立了专门的四川展馆，此次展会酒水交易总额为118.7亿元。

⊙ 剑南春成为首家通过中国食品工业协会白酒专业委员会“纯粮固态发酵白酒”认证的企业。

⊙ 五粮液古窖泥被中国国家博物馆永久珍藏。

⊙ 泸州老窖被评为“全国酒类产品质量安全诚信推荐品牌”。

2006年

⊙ 5月，泸州老窖酒酿制技艺入选首批国家级非物质文化遗产名录，泸州老窖成为行业首家拥有“双国宝”的企业。

⊙ 在成都举办的第74届春季全国糖酒会上，四川代表团成交额达12.87亿元，名列第一，占展会总成交额的12%。

⊙ 沱牌、郎酒被首批认定为“中华老字号”。

⊙ 郎酒通过“纯粮固态发酵白酒”认证。

2007年

⊙ 在四川省遂宁市射洪县的一处施工工地上发现了泰安作坊遗址，为世人呈现出古代酿酒工艺的流程。其中的接酒坑及遗物中的“品酒杯”为我国酒类作坊遗迹中首次发现，填补了中国酒文化考古发掘中的多项空白，是中国传统白酒工业的重要文化遗产。

⊙ 红花郎生产工艺研究项目荣获“四川省科学技术进步奖一等奖”。

2008年

⊙ 四川省委、省政府提出打造“中国白酒金三角”白酒产业战略构想，依托五粮液领衔的川酒“六朵金花”的实力和知名度，联手川内其他白酒厂商，共同打造中国白酒黄金产业带，从而提升川酒综合实力，并将白酒这一四川优势产业，发展成为特色支柱型产业。

⊙ 五粮液酒传统酿造技艺、剑南春酒传统酿造技艺、古蔺郎酒传统酿造技艺、沱牌曲酒传统酿造技艺、水井坊酒传统酿造技艺入选第二批国家级非物质文化遗产名录。

⊙ 舍得酒业提出的“生态酿酒”被纳入国家标准GB/T 15109—2008《白酒工业术语》。

2009年

⊙ 3月24日—28日，第80届春季全国糖酒会在成都举行，商品成交总额高达173.09亿元，再创历史新高。

⊙ 沱牌曲酒获得“全国质量奖”。

2010年

⊙ 1月19日，川酒“六朵金花”企业——五粮液、剑南春、泸州老窖、水井坊、舍得酒业、郎酒结成联盟，正式启动打造“中国白酒金三角”。

⊙ 3月，成都市政府正式向全国糖酒会主办单位中国糖业酒类集团公司提出春季糖酒会在成都永久举办的申请，并最终赢得了春季糖酒会的永久落户。

⊙ 泸州老窖集团有限责任公司获评“农业产业化国家重点龙头企业”。

⊙ 中国酿酒工业协会认定酱香型郎酒为“中国白酒酱香型代表”，认定浓酱兼香型郎酒为“中国白酒浓酱兼香型代表”。

⊙ “中国白酒功能微生物研究选育与产业化应用”获“四川省科学技术进步奖一等奖”，建立国内酿酒专用微生物菌种资源库，并实现产业化应用。

2011年

⊙ 3月18日，由四川省政府主办的“中国白酒金三角”2011酒业博览会在泸州开幕。

⊙ 7月，中国白酒金三角（川酒）地理标志产品通过国家质量监督检验检疫总局审查，正式进入地理标志产品保护名录。

⊙ 第84届春季全国糖酒会在成都举行，酒类商品成交额高达120.87亿元，位列第一。

⊙ “基于多相检测方法研究酿造微生物群落关键技术的开发与应用”获

“四川省科学技术进步奖一等奖”，成果应用现代技术提升传统产业核心竞争力，生产过程保障了食品安全性、在传承工艺特点和产品特色的基础上，缩短了产品生产周期，降低了生产成本，提高了资源利用率。

2012年

⊙ 5月30日，四川中国白酒金三角酒业协会和四川中国白酒金三角发展研究院在成都成立。该协会秉承“同塑品牌、共同发展”的思路，以“打造中国白酒金三角品牌”为己任，积极发挥政府与企业间的桥梁纽带作用，推动川酒行业高质量发展。

⊙ 泸州老窖股份有限公司“白酒厂防火防爆技术及应用”获得“中国科学技术进步奖二等奖”，依托该成果制定了地方标准和国家标准，填补了该领域的空白，推动行业技术进步作用显著。这也是行业首个国家级科技奖。

2013年

⊙ 五粮液老窖池遗址入选第七批“全国重点文物保护单位名录”。五粮液、泸州老窖和剑南春在第三届中国酒业营销金爵奖中获评“中国酒业领袖企业”。

⊙ “浓香型白酒窖泥培养关键技术研究及产业化应用”荣获“四川省科学技术进步奖一等奖”，首次揭示了不同窖龄窖泥微生物种群和微量挥发性化合物的特异性。在此基础上，以多种分析手段相结合的方式系统研究了人工窖泥培养和应用技术，解决了人工窖泥培养需要的菌种和窖泥原料配方问题。

2015年

⊙ 5月，四川省发布《关于促进白酒产业转型升级健康发展的指导意见》，要求到2017年末，力争规模以上白酒企业实现主营业务收入2500亿元。

2017年

⊙ 四川省发布《关于推进白酒产业供给侧结构性改革加快转型升级的指导意见》，提出2020年川酒规模以上企业主营业务收入力争达到3500亿元。

2018年

⊙ 四川省委十一届三次全会提出“川酒振兴”计划，将食品饮料产业纳入全省“5＋1”现代产业体系，将食品饮料产业中的优质白酒纳入全省16个重点产业领域加以扶持发展，促使“六朵金花”重放光彩。

⊙ 五粮液窖池群及酿酒作坊被评为“国家工业遗产”。

⊙ 郎酒集团被认定为“四川省技术创新示范企业”，“浓酱兼香型白酒的生产方法”获2017年度四川省专利奖特等奖。

2019年

⊙ 3月18日，五粮液集团正式发布了第八代经典五粮液产品。

⊙ 在第100届春季全国糖酒会上，成都获得“全国糖酒商品交易会城市特别贡献奖”，成为全国唯一获此殊荣的城市。2019年“春糖”期间入场总人次突破40万，创历史之最。

⊙ 7月，首届川酒“十朵小金花”企业在酒都宜宾出炉并授牌，这是川酒继1989年评出“六朵金花”后，时隔三十年再次诞生“金花”。其后，川酒大小“金花”携手共进，一个头部领跑、腰部厚实、底部稳固的产业阵型正在形成。

2020年

⊙ 5月30日，川酒研究院首届专家委员会正式成立。

⊙ 6月8日，包括郎酒在内的赤水河流域七家主要酱香型白酒生产企业在茅台镇签署《世界酱香型白酒核心产区企业共同发展宣言》，该宣言的签署宣告酱香酒借“联盟”形式，突破了省域限制，重塑了跨产区概念。

2021年

⊙ 3月17日，宜宾市人民政府发布了《宜宾市白酒产业发展规划（2021—2025年）》。其中提出打造“世界优质浓香白酒主产区”，要将白酒产业建成成渝地区经济副中心的重要产业支撑。

⊙ 6月，四川省人民政府办公厅印发《推动四川白酒产业高质量发展的若干措施》。

2022年

- ⊙ 五粮液景区入选首批国家非遗旅游景区和国家工业旅游示范基地，并入选“全国非遗与旅游融合发展优选项目”。
- ⊙ 泸州老窖荣登“中国企业500强”。
- ⊙ 品味舍得获布鲁塞尔国际烈性酒大奖赛白酒类“大金奖”。
- ⊙ 4月7日，四川省经济和信息化厅发布了“关于征求《四川省优质白酒产业星级园区培育服务办法（试行）（征求意见稿）》意见建议的公告”。
- ⊙ 10月19日，四川省经济和信息化厅发布关于印发《四川白酒“十朵小金花”及品牌企业三年培育计划》的通知，明确了培育“十朵小金花”的目标：10家重点企业主营业务收入年均增速力争达到12%，利润年均增速力争达到12%；企业年主营业务收入超10亿元5家，其中超20亿元2家。
- ⊙ “传统浓香型白酒精准酿造关键技术与应用”获“四川省科学技术进步奖一等奖”，奠定泸州老窖智能酿造标杆地位。

2023年

- ⊙ 4月，德阳市发布《德阳市白酒产业发展规划（2023—2027年）》。
- ⊙ 5月，五粮液以2171.33亿元的品牌价值，升至“Brand Finance 2023中国品牌价值500强”第15位，连续7年保持品牌价值正增长。同年9月，五粮液位列“2023年亚洲品牌500强”第31位，排名较2022年上升两位，这也是五粮液连续18年入选。

⊙ 6月，四川省委第十二届三次全会通过《中共四川省委关于深入推进新型工业化加快建设现代化产业体系的决定》，该决定明确提出要“着力建设世界级优质白酒产业集群，巩固提升川酒品质和美誉度，提高全球市场份额”。

⊙ 7月，遂宁市人民政府办公室印发《遂宁市支持白酒产业高质量发展若干措施》，提出支持产业集群发展、支持产业提质增量、支持企业提档升级、支持产业创新发展、强化要素保障、支持提升数字化水平等十二项措施，创建全省白酒全产业链示范区，打造千亿级绿色食品产业集群。

⊙ 10月26日，泸州市人民政府印发的《泸州市加快建成世界级优质白酒产业集群十条政策措施》正式实施。

⊙ 泸州老窖获得“全国五一劳动奖状”，入选2023—2025年国家级非物质文化遗产生产性保护示范基地推荐名单。

⊙ 剑南春获得中国酒业协会颁发的“中国酒业30年科技成果奖”。

⊙ 川酒集团入选“2023中国酒业金樽奖创新案例”，同年获得“中国县域民生经济凤栖奖强县富民奖”。

2024年

⊙ 泸州老窖智能包装中心建成，行业首家灌装速度最快、质量检测最严、智能化水平最高、数字化水平最高、技术创新最多的智能包装中心正式启用。

⊙ 5月，《着力打造“川酒”品牌　推动川酒高质量发展行动方案

（2024—2027年）（征求意见稿）》出炉。

⊙ 5月31日，四川省酒业高质量发展推进会暨四川省酒业协会成立大会在成都召开。四川省酒业协会、四川省酒业研究和发展中心正式授牌，建立起川酒“一会一中心”的服务架构。

主要参考文献

一、古籍类

[1] 常璩. 中国古代文化全阅读: 华阳国志[M]. 长春: 时代文艺出版社, 2008.

[2] 陈寿. 三国志[M]. 北京: 中华书局, 2005.

[3] 李肇, 赵璘. 唐国史补·因话录[M]. 上海: 上海古籍出版社, 1979.

[4] 杨慎. 升庵集[M]. 上海: 上海古籍出版社, 1993.

[5] 干宝. 搜神记[M]. 长沙: 岳麓书社, 2015.

[6] 葛洪. 神仙传[M]. 北京: 中华书局, 2017.

[7] 任渭长, 蔡照初. 列仙酒牌[M]. 上海: 上海古籍出版社, 2015.

二、著述类

[1] 沈怡方. 白酒生产技术全书[M]. 北京: 中国轻工业出版社, 1998.

[2] 四川省地方志编纂委员会. 四川省志: 川酒志[M]. 北京: 方志出版社, 2017.

[3] 陈一君, 毛亮, 熊山. 川酒高质量发展: 2018[M]. 北京: 经济管理出版

社, 2019.

[4] 余乾伟. 传统白酒酿造技术: 2版[M]. 北京: 中国轻工业出版社, 2017.

[5] 马美惠. 今朝放歌须纵酒: 酒文化卷[M]. 北京: 北京工业大学出版社, 2013.

[6] 过常宝. 新版雅俗文化书系: 酒文化[M]. 北京: 中国经济出版社, 2013.

[7] 古蔺县志编纂委员会. 古蔺县志[M]. 成都: 四川科学技术出版社, 1993.

[8] 孙家洲, 马利清. 酒史与酒文化研究: 第一辑[M]. 北京: 社会科学文献出版社, 2012.

[9] 赵金松. 白酒品评与勾调[M]. 北京: 中国轻工业出版社, 2019.

[10] 赵金松, 杨官荣. 酱香型白酒生产工艺[M]. 北京: 中国轻工业出版社, 2023.

[11] 赖高淮, 沈鸿林. 中国白酒六十年回顾与展望[M]. 成都: 四川大学出版社, 2016.

[12] 张家诚, 林之光. 中国气候[M]. 上海: 上海科学技术出版社, 1985.

[13] 陈君慧. 中华酒典[M]. 哈尔滨: 黑龙江科学技术出版社, 2013.

[14] 董胜. 中华精神家园书系: 酒香千年[M]. 北京: 现代出版社, 2014

[15] 谢天开. 四川历史名人丛书・传记系列: 薛涛传[M]. 成都: 天地出版社, 2023.

[16] 孙微, 张学芬. 四川历史名人丛书・传记系列: 杜甫传[M]. 成都: 天地出版社, 2020.

[17] 潘殊闲，张志烈. 四川历史名人丛书·传记系列：苏轼传[M]. 成都：天地出版社，2021.

[18] 张花氏. 是父是子：三苏家风家教[M]. 成都：四川文艺出版社，2023.

三、期刊类

[1] 杨梦秋. 先秦至唐代蜀酒文化的历史脉络[J]. 文史杂志，2020（2）.

[2] 单之蔷. 成都人为何闲？[J]. 中国国家地理，2008（2）.

[3] 李晓波. 成都，"天府"地位难撼[J]. 中国国家地理，2008（2）.

码上看川酒

走进五粮液　走进泸州老窖　走进剑南春

走进郎酒　走进舍得　走进水井坊　走进川酒集团

后记

笔底伏波三千载，岁月浓香一杯酒。为深入挖掘文史资料，大力宣传巴蜀文化，助推文化强省建设，四川省政协启动了《“人文巴蜀·大美天府”文旅丛书——川酒卷》的编纂工作，由十三届省政协常委、省政协港澳台侨和外事委员会副主任罗佳明担任主编。

川酒，是“川字号”特色文化名片的杰出代表，资源禀赋突出、酿造历史悠久、文化底蕴深厚，历经千年传承形成了独特的酿造技艺，凝结了精益求精的匠心精神，蕴含了源远流长的巴蜀文化。编纂《“人文巴蜀·大美天府”文旅丛书——川酒卷》，旨在用甘洌醇香的文字，镌刻大美川酒展现独特魅力，浇灌川酒之花绽放时代精彩。一年多来，编辑部全体同仁在酒香里顿悟，在文化追寻中叩问。从时间纵向维度，系统梳理和深刻诠释川酒所谱写的中华酿酒文明长歌，所缔造的东方酿酒文化脉系；从空间横向维度，全面呈现川酒之于中国白酒产业的独特优势、重要地位和对全省经济社会发展的重要贡献；从价值多向维度，以全新表达方式，重新审视和发掘川酒的价值，系统讲好酒香四溢的四川故事，不断擦亮大美川酒“金字招牌”。

本书编撰过程中，得到了省政协领导的悉心指导，省政协文化文史学习委的大力支持，四川中国白酒金三角酒业协会、四川省酿酒协会等的倾情助力，省发展改革委、经济和信息化厅、省统计局提供的数据和资料，还得到了成都、德阳、宜宾、泸州、川东北四川省五大川酒产区的地方党委、政府和政协的大力支持。五粮液、泸州老窖、剑南春、郎酒、舍得酒业、川酒集团等四川龙头酒企大力协助编辑部，提供了非常珍贵的实景实物图片。胡义明、铁犁、叶青等专家学者提出了宝贵意见，此外，各地白酒企业相关负责人、非遗传承人、各行业精英、川酒爱好者等都为本书的编撰提供了宝贵的意见和建议，在此向他们致以最诚挚的谢意和敬意！

《“人文巴蜀·大美天府”文旅丛书——川酒卷》编辑部

2024年12月